5113

7064.

STATISTIQUE

DES

LIBERTÉS DE L'EUROPE

EN 1829.

PARIS. — IMPRIMERIE DE FAIN,
rue Racine, n°. 4, place de l'Odéon.

STATISTIQUE

DES

LIBERTÉS DE L'EUROPE

EN 1829.

PAR M. DE PRADT,
ANCIEN ARCHEVÊQUE DE MALINES.

PARIS.

CHEZ A.-J. DÉNAIN,

ACQUÉREUR DU FONDS DE DÉTAIL DE A. DUFONT ET Cᵉ.

RUE VIVIENNE, Nᵒ. 16.

1829.

PRÉFACE.

Dans un écrit publié dans le cours
de 1828, j'ai établi, 1°. qu'il n'y avait
plus en Europe que deux puissances
prépondérantes, l'Angleterre et la Russie; 2°. que l'accroissement de la puissance russe partageait l'Europe en deux
contrées, l'Orient et l'Occident; 3°. que
ce partage créait pour l'Occident, la
nécessité d'un système permanent, défensif contre l'Orient !

L'issue de la campagne de 1828 a

prêté à beaucoup de dénégations contre
la réalité du pouvoir que j'assignais à
la Russie : effet ordinaire des exagéra-
tions! on avait trop attendu de cette
campagne; l'attente trompée s'est reje-
tée à l'extrémité opposée. En voyant
tomber quelques feuilles de l'arbre, on
a conclu qu'il manquait de racines. Il
importe de rétablir les choses dans l'ordre créé par la raison ; toute erreur,
dans une matière aussi grave, peut
avoir des suites funestes.

. Distinguons trois choses : 1°. la puissance russe elle-même; 2°. si cette puissance a été diminuée par le fait de la
campagne de 1828; 3°. si elle peut l'être
par le fait même de la guerre actuelle?
Quant à la première question, je ne
puis que renvoyer à ce qui a été dit

dans l'écrit de 1828. La Russie est aujourd'hui ce qu'elle était hier, c'est-à-
dire le plus grand pouvoir politique
que le monde ait encore supporté : si,
à Paris, cette dure vérité rencontre des
contradictions, je suis bien sûr, pour
elle, de l'assentiment de Londres et de
Vienne, et des profondes terreurs qu'elle
y fait ressentir pour l'avenir.

1°. Non-seulement la puissance russe
n'a pas été entamée par la campagne
de 1828 ; mais elle a été augmentée,
1°. en Asie, par l'occupation de plusieurs
pachaliks, et par celle de tout le littoral oriental de la mer Noire ; 2°. en
Europe, par l'occupation de la Molda-
vie, de la Valachie, de Braïlow et de
Varna, ainsi que par la possession de
toute la partie de la Bulgarie, qui s'étend

du Danube à Varna. Loin de décroître,
le territoire russe a donc augmenté.
La campagne de 1829 apprendra l'importance de ces acquisitions. En Asie,
une armée russe partant du voisinage
d'Erzérum; en Europe, la grande armée
partant de Varna, et ouvrant la campagne en arrière de Schumla, et recevant
ses subsistances par Varna, et par le
littoral de la mer Noire : certes, ce
n'est pas là avoir rétrogradé.

3°. Comment la puissance russe diminuerait-elle par l'effet de la guerre?
Serait-ce par les pertes que la Turquie
lui ferait éprouver? Quelles peuvent-
elles être? Voyez l'inégalité des forces
respectives. La Turquie compte vingt
millions d'hommes, divers de race, de
mœurs, de langues, de religion, d'inté-

rêts : la Russie possède, en Europe seulement, quarante-deux millions d'habitans homogènes sous ces mêmes rapports. Mahmoud peut-il renverser la Russie et marcher à Pétersbourg, comme Nicolas peut renverser l'empire ottoman et forcer le chemin de Bysance? Les Turcs peuvent-ils seulement hasarder une bataille rangée contre les Russes? Ne sont-ils pas réduits à la guerre défensive, heureux de mettre à profit les remparts dont la nature a hérissé leurs frontières, pour faire consumer derrière ces abris, un temps précieux à leurs ennemis? La Russie ne peut donc pas être blessée par la Turquie : en quoi donc, cette guerre peut-elle affaiblir sa puissance? Par les hommes et les finances? Quant aux hommes,

les pertes que les armées sont toujours
destinées à éprouver, ne font rien au
fond même de la puissance, quand il
y a moyen de les remplacer. Ainsi, pendant vingt ans, la France a fait des cam-
pagnes bien dispendieuses en hommes;
ces pertes empêchaient-elles qu'en 1810,
elle ne fut maîtresse sur le continent?
De même pour l'Autriche : pendant le
même espace de temps, quelles pertes
n'a-t-elle pas essuyées! Empêchaient-
elles que chaque année elle ne reparût
sur les champs de bataille?

Après tous ses revers, à Wagram, en
1813, 1814, 1815, s'apercevait-on chez
elle d'une diminution de forces? La Russie
a perdu cinquante mille hommes en 1828;
si elle en a levé deux cent mille pour
1829, si elle peut continuer ainsi pen-

dant un long cours d'années, par où pa-
raîtra-t-il qu'elle soit affaiblie? La guerre
affaiblit-elle réellement un grand état?
n'ajoute-t-elle pas à sa force, par celle
que l'exercice prête à ses bras, qui sont
les armées? et celles-ci, à leur tour, ne
ressemblent-elles pas au fer qui se rouille
dans le fourreau, et qui s'épure et se
polit par l'usage? Le czar Pierre fit une
triste campagne sur le Pruth. A-t-elle
empêché la Russie de s'élever au point
où nous la voyons? Elle n'a pas de grandes finances. Quel état en Europe a
des finances de guerre? elles suffisent à
peine pour la paix. Cette année même, la
France, la riche France a-t-elle pu faire
une faible expédition en Morée, sans re-
courir à une inscription de rentes, c'est-
à-dire à un emprunt de 80,000,000 fr.?

L'Angleterre fait-elle autrement? Toutes les fois qu'un état peut montrer 6 p. 100 d'intérêts bien assurés, n'est-il pas sûr de trouver 100? Reste donc à savoir combien de temps la Russie pourra payer les 6 p. 100; quand cela finit-il dans un très-grand état? Pour faire la guerre, la Russie a besoin de moins de numéraire que tout autre état; car elle possède un matériel de guerre inépuisable, et à très-bon marché, comme les chevaux, le bétail, le fer, les grains. Des hommes se croient bien habiles en découvrant de prétendus complots dans l'armée russe, comme causes des derniers revers; et voilà que l'on apprend, que, dans tout l'empire, tout conspire pour soutenir le souverain et terrasser l'ennemi. D'ailleurs, si la Russie n'est pas riche en argent, est-ce donc que la Turquie l'est davantage? La Turquie a-t-elle la ressource des emprunts? La puissance russe n'a donc été atteinte en aucune manière par le résultat de la campagne de 1828. Elle subsiste pleine et entière; elle est en voie de s'accroître par les succès que la campagne de 1829 lui promettent. Dira-t-on qu'elle se soit affaiblie, quand elle tonnera aux portes de Constantinople? Ce n'est pas la Russie qui a souffert dans sa puissance, c'est le cabinet qui a souffert dans sa considération. Il a fait de mauvais plans pour 1828; il apprendra par-là à en faire de meilleurs pour 1829 : il a employé des armées trop faibles ; il peut en employer de surabondantes en 1829.

En 1787, l'empereur Joseph perdit une

belle armée contre les Turcs; les années
suivantes, l'Autriche marcha de victoire
en victoire. Qui empêche qu'il en soit de
même pour la Russie? Sa puissance entière lui reste donc, et cette puissance
exige, de la part de l'Europe occidentale,
le remède préservatif qui est encore en
son pouvoir, la création d'un système
défensif. Sa nécessité est bien démontrée,
par le soin auquel on voit déjà les grandes puissances condamnées, celui de
s'occuper continuellement de Pétersbourg; leur attention principale est de
coordonner leurs mouvemens sur les
siens; mais l'initiative lui appartient,
et toute leur ambition ne dépasse pas
ce terme; on en est aux *ex voto* pour
que l'empereur Nicolas soit modéré, et
certes les invocations à la modération ne

sont pas, pour ceux qui les font, des preuves d'indépendance.

Tel est l'objet de la première partie de cet écrit. Elle ne prouve que trop qu'il y a en Europe, à l'égard de la Russie, absence de liberté publique.

La seconde partie n'est pas plus consolante; car elle montre une triste conformité entre les libertés civiles et les libertés politiques; elle constate l'existence d'un problème dans l'ordre social, celui de la disproportion de la liberté avec la civilisation. Ici, je n'ajouterai pas aux traits de ce dernier tableau qui sont renfermés dans le corps même de l'ouvrage. Je me bornerai à dire, qu'à la vue des faits existans, et de la marche des gouvernemens, il a été inspiré par le sentiment profond de la dignité des sociétés hu-

b

maines, et de la grandeur de leur destination; dans elles, l'homme est le
but de tout; l'ordre social est le moyen
de son bonheur; travailler sans cesse à
perfectionner cet ordre, est son droit et
doit être son étude; il n'entre en société
que pour cela. Les gouvernemens doivent élever leur direction en proportion de l'importance du volume, et de
la civilisation que les sociétés acquièrent.
Les libertés publiques doivent s'étendre
dans les mêmes proportions; les nations
ont droit au régime de droit, et non
pas seulement au régime des concessions; les meilleures intentions peuvent
manquer le but, à part d'une direction
qui leur soit appropriée. Dans cet écrit
j'ai indiqué celle qui me paraît convenir
seule à notre situation; après quarante

années d'un voyage pénible, on peut
être pressé d'arriver. C'est montrer la
voie droite que de dire en quoi on s'en
est écarté; le temps de le faire est arrivé. L'arène s'ouvre de nouveau; puisse-
t-on n'y entrer que pour accélérer les
pas de cette grande réformation sociale
que l'esprit humain a commencée, qu'il
poursuivra jusqu'à la fin, et à l'adoption de laquelle, dans toute sa latitude,
il y aurait plus d'habileté et de bonheur
attachés, que dans des cessions partielles, propres à retarder seulement ce
qu'il est dans la nature des choses de ne
pouvoir pas empêcher.

Dans cet écrit, on retrouvera souvent
le rappel des principes, et il ne sera
pas regardé comme superflu, lorsqu'au
dix-neuvième siècle, en pleine France,

à Paris, des hommes, qui s'arrogent le droit d'infecter l'esprit public, osent encore dire : *Surtout ne parlons plus de principes*; Oui, il faut en parler, et beaucoup, car les sociétés ne subsistent que par l'ordre, et l'ordre à son tour, ne se soutient que par les principes.

Ce ne fut point pour quelques schellings, mais pour un principe, que Hambden se laissa traîner en prison, *d'après l'ordre légal de son temps*; ce grand homme savait que la vie des états n'est pas dans le paiement de telle ou telle somme, mais qu'elle se trouve dans les *principes*, et que ceux-ci sont violés par l'exigence illégale d'un schellin, autant que par celle d'un million.

Cet écrit s'écarte de presque tout ce qui s'écrit sur la politique générale de

l'Europe, comme sur la direction inté-
rieure des états; j'ai cherché des motifs
de jugement hors de ceux que l'on présente vulgairement, et qui, pour ainsi
dire, encombrent la circulation. Chacun
voit avec ses yeux; ce dont je puis répondre, est d'y avoir regardé de près
avant d'écrire. Quoi qu'on en dise, la
Russie grève l'Europe d'un fardeau exor-
bitant, et il faut pourvoir à s'en défendre. De plus, l'Europe et la France m'apparaissent comme deux contrées en contestation entre la nouvelle et l'ancienne
sociabilité; travailler à avancer l'heure
de la décision du combat, est un devoir,
un droit, et mon but. Là, il n'y a rien
pour les partis, pour leurs illusions,
pour leurs intérêts; au contraire, tout est
pour ce qui seul me paraît vrai et utile.

Je parle en dehors de ces ambiguïtés, dont aujourd'hui l'usage est à peu près tout l'art des écrivains. La parole ne me paraît pas être donnée à l'homme pour déguiser sa pensée, mais pour la produire avec sincérité; les lumières de la société grandissent la liberté d'écrire; car une grande partie de la société est en état de juger ce qu'elle lit, d'en profiter ou de s'en défendre; pour l'autre partie, les écrits sont pour elle comme s'ils n'étaient pas, ils ne parviennent ni dans ses mains, ni jusqu'à son esprit. La répression ne peut plus trouver place que pour les attaques tellement directes, qu'elles tombent également sous les sens des savans et des ignorans. Le produit net des procès de la presse a été de rendre *publicistes*, tout le bar-

reau et tout le public. Les écrivains sont
sortis de prison, ou, ce qui est encore
mieux, ils n'y sont pas entrés; mais les
principes sont restés dans toutes les
têtes.

Le général autrichien comte de Mer-
welt fut fait prisonnier à la bataille de
Leipsik; Napoléon, qui l'avait connu,
voulut lui parler et le chargea d'aller
représenter à l'empereur d'Autriche les
inconvéniens de son imprévoyante alliance avec la Russie, en lui adressant
ces prophétiques paroles : *Ce n'est pas
trop de la 'France, de l'Autriche, et
même de la Prusse, pour arrêter sur la
Vistule, le débordement d'un peuple essentiellement conquérant, et dont l'im-*

mense empire s'étend depuis la Chine jusqu'à nous. Voilà de la haute prévoyance, de la prévoyance d'un vrai chef
d'empire.

STATISTIQUE

DE LA POLITIQUE

ET DES LIBERTÉS

DE L'EUROPE

EN 1829.

———

QUELLE est, à l'entrée de l'année 1829,
la situation politique de l'Europe? où en
est-elle pour ses libertés? Tel est le double
objet qui se présente à notre observation.
Dans cette discussion, nous prendrons
notre point de départ de la chute de l'empire de Napoléon, par ce que là finit la
nouvelle Europe, création de la révolution;

1

et là reparut l'ancienne Europe, entièrement déformée par la main conquérante de Napoléon. En 1814, sauf quelques modifications, il y eut rénovation de l'ancienne Europe; ce qui avait existé reprit vie, presque tous les anciens propriétaires rentrèrent dans leurs domaines, comme de simples individus rentrent dans leurs foyers après quelque temps d'absence. Chose singulière, parmi les disgraciés des arbitres de l'Europe, se trouva comprise une branche de la maison de Bourbon, qui personnellement, et en raison même de sa faiblesse, n'avait pris aucune part directe aux débats qui avaient amené les changemens que l'on réformait : elle dut assister à la prise de possession de sa place par celle qui avait partagé le trône que l'on venait d'abattre ! Que les républiques de

Venise et de Gênes succombassent victimes des arrêts portés par les royautés, leurs ennemies par nature, cela se conçoit; que la Pologne fût condamnée à expier, dans un dernier et irréparable naufrage, un effort infructueux pour briser ses fers, et reprendre son existence nationale et indépendante, cela se conçoit encore; mais exhéréder la maison de Bourbon à Parme, en faveur de l'épouse de celui contre lequel tous s'étaient réunis, et dont on détruisait l'œuvre, là on n'aperçoit ni principe politique, ni calcul européen, ni constance dans la doctrine légitimaire, dont en même temps, on faisait le code de l'Europe. Les Bourbons de Parme n'avaient pas plus fait pour perdre que pour gagner. S'ils avaient démérité, aux yeux de la royauté européenne, en acceptant une

1.

couronne de la main encore républicaine
de Napoléon, l'Autriche avait-elle mérité
davantage en lui donnant celle d'une de
ses filles? Dans cette grande violation du
droit privé et du droit public, on n'a-
perçoit que l'intérêt personnel de l'Autriche et des regards ambitieux portés par
elle sur l'avenir de l'Italie, mais rien pour
l'intérêt ou la satisfaction de la raison publique de l'Europe. Nous prenons notre
point de départ de la rénovation européenne qui eut lieu en 1814, parce que
les effets du système adopté à cette époque
ont eu le temps suffisant pour se dévelop-
per, et, par ce développement même,
ont mis à portée de juger la nature du
système d'où ils sont découlés. Comme
l'existence de toutes les plantes, les
systèmes politiques demandent du temps

pour porter leurs fruits, et ce n'est pas au
premier jour qu'il appartient d'assigner
leur véritable nature. Mais ici, il y a eu
temps; une épreuve de quinze années est
devant nous : nous avons vu agir le système, il a pu atteindre sa maturité; il y a
donc légitimité dans le jugement qu'on
peut en porter. C'est d'après ces bases que
nous allons en traiter; et pour jeter, autant
qu'il est en nous, du jour sur cette question, nous dirons d'où l'on est parti,
quelle route on a suivie, et où l'on a abouti.
Ce sont trois choses liées entre elles par
un nœud indissoluble, et le cours naturel
des idées conduit de l'une à l'autre. Montesquieu a dit : *Rome fut amenée à con-*
quérir le monde pour se défendre contre
les peuples vaincus. On a pu dire la
même chose de la France. Dans le cours

entier de la révolution, elle a comme vécu
au milieu des conspirations de l'Europe :
toute paix n'était qu'une trève pour dé-
lasser des bras fatigués, et se donner le
temps d'aiguiser des glaives émoussés [1].
On s'est bien incliné assez bas devant Napoléon ; mais c'était autant pour recher-

---

[1] Le duc de Wellington, en 1814, m'a dit :
Nous étions décidés à renverser Napoléon ; nous
croyions qu'il y faudrait quatre ans : Napoléon le
savait bien. Ainsi, lorsqu'à Marac j'intercédais
auprès de lui pour Ferdinand, il me répondit :
*Ne voyez-vous pas que j'ai toujours sur les bras
la coalition du Nord ? faudra-t-il donc qu'à
chaque coup de trompette venu de ce côté, je
sois obligé de laisser quatre-vingt mille hommes
sur les Pyrénées, pour prévenir le retour de
perfidies semblables à celle qui a éclaté à
l'époque de la bataille de Iena ? Ce que je fais
dans ce moment est tout français...* Il avait
raison. Les perfidies qu'il a éprouvées, toutes les
fois que l'occasion s'est présentée, justifient sa

cher comment on creuserait , ou si on dé-
couvrirait quelqu'abîme sous ses pas, que
par crainte, et surtout pour lui rendre
hommage. Que la confiance en ses forces,
accrue par chaque attaque , lui en ait fait
désirer encore plus que craindre de nouvelles, qu'il ait cédé à l'entraînement du pouvoir, qu'il ait manqué de tempérance, que
son front ait chancelé frappé des vertiges
d'un diadème inattendu, car on ne lui adres-
sera pas de reproches du côté de la sagacité ;
à cette heure, à quoi bon le rechercher ?
temps perdu que celui donné aux discussions sur les causes de l'écroulement insé-

---

théorie et sa mémoire. Il ne s'agit pas d'excuser
la manière dont l'affaire de Marac fut conduite,
mais de rendre à l'histoire sa vérité. On n'a songé
qu'à la défigurer au gré des passions et des intérêts ..

parable de l'édifice qu'il avait élevé ; d'autres soins nous appellent : nous avons à fixer les principes et les résultats de la politique qui a régi l'Europe depuis 1814. Cette politique a eu trois objets principaux : 1°. la reconstitution territoriale des souverainetés européennes ; 2°. le maintien de la paix entre les membres de cette souveraineté, telle qu'elle était établie par le congrès de Vienne ; 3°. la compression de ce que l'on a appelé l'esprit révolutionnaire ou démocratique , tel qu'on le supposait exister. Voilà les traits principaux de la politique de l'époque, et comme le cadre dans lequel se trouvent renfermés, et qu'ont rempli les événemens survenus depuis cette rénovation.

Le congrès de Vienne, en créant la nouvelle ère politique de l'Europe, en la reconstituant territorialement, a-t-il fixé sa vue sur les intérêts généraux de cette contrée ? A-t-il tenu ses regards rabaissés dans le cercle étroit des intérêts privés? Les forts, les prépotens, ont-ils fait fléchir les convenances publiques sous le poids de leurs intérêts? Voilà ce qu'il faut rechercher dans la carrière parcourue par cette assemblée normale pour la politique de l'Europe : or, de cette seule indication de la marche suivie par ce congrès, sort une réponse désolante pour l'Europe. Non, les intérêts généraux n'ont pas dominé dans ce grand conseil de la souveraineté européenne. Prenez la carte de l'Europe. Qu'apercevez-vous d'après les décrets de Vienne? L'Angleterre sur toutes les mers, barrant tous les passages; l'Autriche en Italie; la Russie s'allongeant à travers la

Pologne asservie, jusqu'aux portes de l'Allemagne; et la Prusse, coupée en trois parties, avec un bras sur le Niémen, un autre sur le Rhin, et de corps nulle part. Par-là, la possibilité d'un blocus maritime universel a été reconnue en faveur de l'Angleterre; par-là encore, l'Italie a comme disparu dans le gouffre des possessions autrichiennes ! En même temps, par l'effacement de la Pologne, la Russie s'est mise en contact menaçant avec l'Allemagne; désormais c'est à celle-ci à en supporter le fardeau. A cette époque, la France, mise hors de cause personnelle par le premier traité de Paris, 1814, porta toute sa sollicitude, et, à défaut de crédit, toutes ses sollicitations, à parer les coups qui menaçaient le souverain de Dresde, et à faire remettre Naples à l'ancien proprié-

taire. Parmi tous ces mécomptes politiques,
on n'aperçoit qu'une seule combinaison
exempte de reproches , la réunion de la
Suède avec la Norwége ; car la création du
royaume des Pays-Bas, arrêté à la Meuse,
fut une œuvre incomplète. Puisqu'on voulait établir de ce côté une barrière contre
la France , encore fallait-il la compléter ,
et ne pas appeler sur la Moselle , la Prusse
destinée par sa position à servir de barrière contre la Russie. Diviser la Prusse
était l'annuler ; l'affaiblir vis-à-vis la
Russie , était ouvrir à celle-ci une porte
sur l'Allemagne. La Prusse ne pouvait jamais être trop compacte ni trop forte.
Agglomérée, elle a de la force ; dépecée en
plusieurs parties, elle n'est rien ; mais , à
cette époque, tous les ombrages, tous les
ressentimens portaient sur la France : l'es-

prit plein du souvenir de ses invasions récentes, dans ce congrès on ne se croyait jamais assez vengé, ni en sûreté contre elle.
La crainte, la haine sont deux mauvais con-
seillers, et malheureusement, dans cette
grande circonstance, elles furent trop écou-
tées; cette aberration capitale a coûté cher à
l'Europe, et est destinée à peser beaucoup
sur elle. Le congrès de Vienne ayant ainsi
mis tout à faux en Europe, une gêne générale n'a pas tardé à se faire sentir; cela
était inévitable : personne ne se sentait à
sa place naturelle, ou suffisante ni convenable dans l'ordre politique. On ne déna-
tionalise pas les peuples impunément; ils
ne renoncent jamais à ce caractère : il revit
sous la main qui l'efface. Ceux qui y tra-
vaillent le savent bien; ils supposent
l'existence de mécontentemens dont ils ont

créé la légitimité. Dès lors leurs forces et
leur attention sont partagées, il y a à garder
la nouvelle possession, encore plus qu'à
en jouir. Tel est devenu l'état de l'Autriche à l'égard de l'Italie, de la Russie à
l'égard de la Pologne, et de la Prusse à
celui de la partie retranchée à la Saxe,
comme pour ses acquisitions aux portes de
la France. Tels sont les traits principaux
du tableau résultant de l'ordre établi par
le congrès de Vienne, ordre devenu le régulateur de l'Europe. En 1815, la France
échappa à un déchirement. La convoitise
de certains gouvernemens voisins, se pa-
rant de la sollicitude de la sécurité de
l'Europe, aspirait à retrancher à la France,
pour se les approprier, à l'est l'Alsace et
la Lorraine, au nord la Flandre et l'Ar-
tois, en ramenant ainsi la France à la

condition qu'elle avait sous Louis XIII.
Heureusement il existait un prince qui
portait ses vues plus haut. L'empereur
Alexandre, plus ami des intérêts généraux
de l'Europe, sentit et voulut que la France
devait être et qu'elle restât puissance
principale. Ses dépouilles, partagées entre
plusieurs souverainetés d'un ordre inférieur, ne conféraient à aucune d'elles un
caractère européen, tandis que l'intégrité
de la France le conservait à cette puissance, dont il n'y avait plus de débordement ultérieur à redouter [1]. La France

---

[1] A cette époque, on eut à se féliciter d'avoir
à la tête du ministère français un homme qui,
par la considération de son noble caractère, avait
acquis un juste ascendant sur l'esprit de l'empereur Alexandre. Le comte Capo-d'Istria unit son
crédit à l'influence de M. de Richelieu pour faire

continua donc d'être puissance principale,
à défaut de pouvoir continuer d'être puis-

---

prévaloir la pensée de l'intérêt européen au maintien de la France dans le rang des puissances
principales. Cette vue était très-éclairée, et bien
supérieure aux motifs assignés pour réduire la
France aux proportions qu'elle avait sous Louis
XIII; on peut consulter les mémoires présentés
alors par l'Autriche et par M. Degagern, ministre du royaume des Pays-Bas. Ces plans désastreux pour la France étaient renouvelés de
ceux que l'Autriche et quelques Belges du haut
parage avaient formés en 1793 et 1794. Alors,
parmi eux, et en Autriche, il s'agissait d'enlever
à la France, ce qu'on appelle en Belgique *la ligne
de Vauban*, ainsi que l'Alsace et la Lorraine;
lors de l'invasion de l'Autriche en Alsace, et de
la prise de Valenciennes, Condé, Landrecyes, l'Autriche y procédait de son mieux. Sa cupidité ne
tarda pas à être punie. En 1815, l'empereur
Alexandre ne voulait pas des spoliations et de la
rançon qu'on imposa à la France. Ces sévices furent l'œuvre des princes allemands; il faut rendre
à chacun ce qui lui appartient.

sance prépondérante, comme elle était en possession de l'être depuis long-temps. Ce rôle est passé à l'Angleterre et à la Russie, que depuis beaucoup d'années les événemens ont portées à ce rang supérieur. Les guerres de Naples et de l'Espagne, ou plutôt ces expéditions, n'ont pas eu trait à la politique générale. En cela, il n'y a eu rien de ce qui appartient proprement à la politique, tout a été *de la sociabilité* ou plutôt *de la suzeraineté*, c'est-à-dire des rapports du souverain aux sujets. Le même caractère se retrouve dans les deux actes; car, dans tous les deux, il n'a été question que de remettre entre les mains du prince le pouvoir qui lui était échappé, et de lui assujettir le peuple. Les congrès de Carlsbad, de Vérone, de Troppau, de Laybach, ne sont pas plus des actes de l'ordre politique proprement dit ; ils appartiennent aussi à la sociabilité, car là, encore il s'est agi de régler les rapports du prince avec les sujets : c'est à tel point que le congrès de Laybach n'a pas craint de proclamer le *droit divin des princes*, de modifier ou d'établir les institutions, les réformations et les améliorations dans la conduite des États ; ce jour il fut déclaré que nul contrat n'existait entre le peuple et le prince, et que celui-ci tenait, par droit divin, dans sa main la destinée du peuple. Comme on peut penser, il n'y avait dans ces congrès ni ministres anglais ni envoyés des États-Unis.

Mais pendant que l'on donnait ainsi à l'Europe désarmée une attitude contrainte, gênée, contraire au développement de ses forces naturelles, deux immenses événe-

niens éclataient inattendus sur deux points
bien éloignés l'un de l'autre, mais qui, trou-
vant l'Europe entre eux deux, la plaçaient
au centre de ces deux grands mouvemens;
on voit qu'il s'agit de la double révolution
de la Grèce et de l'Amérique. Celle-ci, ayant
son siége loin de l'Europe, ne l'atteignait
pas directement : un seul membre de l'association européenne en éprouvait des
dommages positifs, tous les autres avaient
à y gagner; et cependant tel était le vertige
du temps, que l'on allait fondre les armes à
la main sur l'Amérique, comme on l'a fait
sur l'Espagne et au nom des mêmes principes, si, levant son trident et le plaçant
sur l'Océan comme une barrière insur-
montable, l'Angleterre ne se fût interposée
entre l'Amérique et ses assaillans. Couverte
par ce puissant protectorat, celle-ci a pu

terminer sa révolution, en se jouant de la débilité de son ancien maître; alors un homme de génie fut autorisé à dire : *J'ai appelé un monde entier à l'existence*, et la grandeur d'un pareil résultat absout ce langage du reproche de la vanité, et lui laisse les honneurs d'un noble orgueil. En effet, c'est un beau rôle que celui de la rivalité avec le Créateur, appliqué aux avantages de l'humanité. Celui qui a sauvé l'Amérique du tombeau où voulaient la faire rentrer les satellites de l'Espagne, a plus fait pour l'humanité et pour l'Europe que celui qui le premier aborda cette contrée. En quoi importait-elle à l'Europe et à l'humanité, dans la prison et la stérilité où la main de l'Espagne la retenait indigente, dépeuplée et captive? la liberté pouvait seule la rendre utile au genre hu-

main et à l'Europe. L'œil de l'homme se
perd dans les profondeurs de l'avenir qui
attend l'Amérique, et dans l'horizon sans
bornes de l'influence qu'elle exercera sur
les destinées de l'univers.

Si de ce côté tout est l'*immensité*, on
en retrouve aussi le caractère dans la révolution de la Grèce. Comme l'Amérique,
elle s'est relevée sous l'inspiration de la civilisation et par lassitude d'une oppression
absurde et barbare, celle-ci produit partout les mêmes résultats. Comme l'Amérique, pendant six années de lutte, la Grèce
n'a pu être ramenée sous le joug par un
maître, dont la force dépassait beaucoup
la sienne en apparence, mais qui manquait
de ce qui rend efficace la force matérielle, la
civilisation et le patriotisme. Répudiée d'a-
bord par l'Europe royale, mais adoptée

avec enthousiasme par l'Europe civilisée,
celle-ci a prévalu, elle a ramené à la Grèce
ses adversaires, elle les a contraints d'em-
brasser sa cause, de la réchauffer sous leurs
ailes, et de finir l'ouvrage qu'elle avait si
courageusement entrepris, si laborieusement poursuivi, et qu'elle soutenait avec
une persévérance où l'admiration se confondait avec des appréhensions pour le
succès définitif. La bonne étoile de la
Grèce ont fait que ses ennemis n'ont jamais
déployé contre elle la dixième partie des
forces, qu'en peu de temps ils ont pu
tourner contre les Russes! Le ciel aveugle
ceux qu'il veut perdre; le salut de la Grèce
est venu en partie du mépris brutal que
les Turcs a fait d'elle. Pendant que la Turquie ne la combattait que par des détachemens, l'opinion publique devenait exi-

geante, et donnait comme des ordres aux
cabinets, prévalait sur les anciennes répugnances, dictait le traité du 6 juillet
1826. A sa suite, dans une réunion bien
nouvelle, les escadres de Russie, de France
et d'Angleterre cinglaient vers la Morée,
réduisaient en poussière les vaisseaux de
l'Égypte, et, isolant d'elle l'armée qu'elle
avait versée dans la Morée, elles forçaient
celle-ci à regagner, sous leur propre escorte,
les lieux d'où était sorti cet essaim de nouveaux guerriers formés à l'école de la
France. L'expédition d'Ibrahim avec des
Nègres, des Nubiens, des Arabes, des
Turcs égyptiens dressés à la tactique européenne, n'est pas l'épisode la moins re-
marquable de cette époque; le contact
établi entre l'Égypte et l'Europe, sous les
rapports militaires, est l'initiative de beau-

coup d'autres rapports qui se formeront
entre l'Europe et la terre des Ptolemées, et
qui, en la rapprochant de la civilisation, la
rendront plus fructueuse pour l'Europe
qu'elle ne le fut jamais. On ne verra plus
de croisade armée contre l'Égypte, qui n'a-
vait rien fait à la France; les rois de celle-ci
n'iront plus y chercher une prison, mais
leurs serviteurs iront lui apporter et en retirer des richesses; sous leur abri, les
enfans des sciences exploreront, vérifieront
tous les points du territoire de cette contrée, où leurs savantes recherches déro-
beront le secret des langues mystérieuses
que parlaient les aïeux et les successeurs
de Sésostris; toute nuit, toute obscurité
fuira de ces monumens gigantesques, de
ces ouvrages péniblement élaborés, qui
chargent et enveloppent d'énigmes le sol

de cette contrée. C'est un premier coup frappé sur les portes de l'Orient, portes que la civilisation, à l'aide des temps, achèvera d'ouvrir; le principe est posé, et, en pareille matière, le principe est tout... L'expédition française a complété la libération de la Grèce; dorénavant celle-ci peut respirer l'air natal en liberté; plus d'ennemis, plus d'armées qui la ruinaient; il ne reste plus à désirer pour elle que de larges et fortes limites, l'ordre dans la liberté, et des pas rapides dans la civilisation.

De l'indication de ces faits généraux, passant à celle de l'esprit général qui, pendant le même période de temps, a dirigé la politique européenne, il faut le reconnaître, cet esprit a été celui du maintien de la paix entre toutes les puissances; les affaires ont toutes tourné à la négocia-

tion; jamais l'Europe n'a compté plus de
soldats, jamais il n'y a eu moins de dispositions à les opposer les uns aux autres.
Si deux guerres ont eu lieu, ce n'a pas été
des guerres de puissance à puissance, et
dans un but politique ordinaire, mais cela
a été la guerre des princes aux peuples, et
dans un but de pouvoir.

Cette sollicitude pacifique est le résultat de la nécessité créée par plusieurs
causes.

1°. Le besoin des réparations après une
période guerrière, très-vaste, très-animée,
très-laborieuse pendant vingt-quatre ans.
De 1792 à 1816, l'Europe a été sous les
armes, une génération avait vécu dans la
guerre; de grands vides étaient à remplir
dans la population, d'autres vides l'étaient
aussi dans l'ordre financier; les moins

profondément blessés cependant, l'étaient
sérieusement. Comment l'Angleterre eût-
elle voulu se livrer à des chances de dépenses telles que celles d'une guerre, en
sortant d'une crise de vingt-deux années
de dépenses extraordinaires au dedans,
de subsides au dehors, de prodigalités pareilles à celles qui, en 1815, ont porté
les frais de cette année à *deux milliards
cent millions*? La fatigue, l'épuisement
étant général, le repos était devenu indispensable.

2°. Le congrès de Vienne ayant pro-
cédé par mutilations de peuples, par ad-
jonctions et soustractions de territoires, les
jouissans de ces nouvelles investitures
avaient à interroger l'esprit de leurs nouveaux sujets, à les essayer, et comme à
faire connaissance avec eux. Or, ce n'est

que dans la paix que l'on fonde et que l'on se livre avec sécurité à des épreuves. Dans les établissemens nouveaux, tout est à créer, hommes, choses, moyens; il faut tout éprouver, tout coordonner. Ainsi, le royaume des Pays-Bas avait à franchir les difficultés de l'amalgame de deux peuples séparés de culte, de consanguinité, d'esprit, d'occupations, divers de travaux; l'un vivant des produits de la terre, et l'autre de celui des eaux, dont lui-même semble être sorti. Il fallait la rencontre heureuse et rare d'une sagesse pareille à celle qui a dirigé ces élémens divers pour les amener à la fusion qui les a confondus dans une union qui les fait paraître amis de toute éternité. La Suède devait soigner sa réunion avec la Norwége; la Prusse avait à organiser ses nouveaux états d'ou-

tre Rhin, pour les mettre en harmonie
avec ceux qui sont disséminés sur la longue lisière qu'elle étend du Rhin au Niémen; la Russie essayait sa domination en
Pologne; l'Autriche songeait à consolider
la sienne en Italie. Tous les princes restaurés étaient plus occupés de prendre de
l'aplomb dans leur intérieur et de jouir
des douceurs d'une existence retrouvée,
souvent au-dessus de tout espoir, que de se
livrer aux mouvemens de la politique ex-
térieure. D'ailleurs, il ne pouvait échapper aux gouvernemens que les peuples,
froissés par des arrangemens à la sanction
desquels ils n'avaient pas été appelés,
sentaient le poids et les épines de ces jougs
adventices : les uns avaient à réclamer
l'exécution de grandes promesses, fruits de
grands sacrifices; tous étaient plus ou moins

imbus des principes de la liberté, et par
conséquent de son désir; car, avec elle, de
la connaissance à l'amour il n'y a qu'un
pas. Cet ensemble de considérations créait
pour les gouvernemens l'égale nécessité
de la paix. Ils devaient en conclure que se
combattre entre eux n'était pas le moyen de
consolider leur empire sur les peuples; que
la guerre, en rendant ceux-ci plus nécessaires pour eux que ne le fait la paix, leur crée
des droits à une reconnaissance dont la paix
tient leurs chefs affranchis. De là dut se former un concert de vues et d'intentions paci-
fiques, qui a maintenu la paix dont les gouvernemens sentaient généralement le besoin.
Lorsque l'Espagne poussa si étourdiment
quelques bataillons sur le Portugal, M. Canning n'hésita pas de dire que toute guerre
deviendrait inévitablement une guerre de

sociabilité : parler ainsi, était bien connaître le fond de l'esprit de l'Europe ; et
les gouvernemens, en soignant beaucoup
le maintien de la paix, ont montré de leur
côté qu'ils n'étaient pas étrangers à la connaissance de cette vérité.

Il existe de plus, en faveur du maintien de la paix dans la disposition territoriale des souverainetés européennes, un
mobile d'un ordre nouveau. Car on peut
demander où trouverait-on l'étoffe de quelque conquête ? Comment, dans la délimi-
tation territoriale des souverainetés de
l'Europe, l'une pourrait-elle s'accroître sans
le dérangement de la masse·entière ? Par
le congrès de Vienne, toutes les grandes
puissances se touchent ; les immenses progrès de la Russie laissent à peine quelque
apparence d'équilibre : dans cette position,

quel état peut avancer ou reculer sans un
effet sensible sur tous les autres? Un pas
de plus de la part de la Russie, que devient
la Prusse? Un pas de plus de la part de
l'Autriche en Italie, il n'y a plus de Piémont? Un pas de plus de la part de la
France, il n'y a plus de royaume des Pays-
Bas? Dites la même chose pour la Saxe et
la Bavière, la Suède et le Danemarck. Le
moindre déplacement conduirait à un re-
maniement universel. Un *uti possidetis*
général est donc établi en Europe, par
suite des stipulations du congrès de Vienne :
on ne se battra plus, parce qu'il faudrait
que tous se battissent, idée effrayante et
bien faite pour arrêter les mains prêtes à
saisir des armes; nul ne se battra, parce
que le but ordinaire des combats, la per-
spective d'un avantage à acquérir ne se

présente plus pour personne. L'Europe
est dans un état de quiétisme forcé; l'ambition ne sait plus où se prendre : garder,
conserver, est désormais à peu près toute
la science diplomatique. Le *Dieu terme*
devient la divinité commune de l'Europe
occidentale. C'est la première fois qu'elle
se soit trouvée dans cette position; mais
aussi c'est-il la première fois qu'elle ait été
constituée, comme elle l'est, par le congrès
de Vienne, et par les accroissemens de la
Russie. Il n'y a plus de moyen d'accroissement que du côté de la Turquie, jusqu'au
Danube; car le passage de ce fleuve, soit par
la Russie, soit par l'Autriche, annule et
achève la Turquie. Jusqu'à cette limite, on
peut trouver de l'étoffe en Valachie, en Mol-
davie pour l'Autriche et la Russie, ensemble
ou divisément. Ce qui se passera dans cette

direction, n'altérera pas sensiblement le corps politique de l'Europe ; tant que le Danube ne sera pas franchi, il n'y a pas encore de mal ; en politique et sous les rapports de la civilisation, il y aura même un grand bien.

Le défaut d'étoffe pour des accroissemens de territoire s'est fait ressentir bien clairement dans la querelle que la Bavière suscita au grand-duc de Bade. En 1813 l'Autriche, occupée du double projet de détacher la Bavière de l'alliance française, et de reconquérir le Tyrol, le Saltzbourg et l'Innwirthell, promit à la Bavière les dépouilles du grand-duché de Bade, engagé comme elle sous les drapeaux de Napoléon. Le traité fut conclu à Ried : comme on peut le croire, *le dépouillé en idée* n'avait pas

3

été appelé à ce conseil. Nul avis de cette
transaction clandestine n'avait été donné
au congrès de Vienne, ni au principal in-
teressé dans les résultats de cette transaction occulte ; plusieurs années s'étaient
écoulées en silence, et voilà qu'un jour
la Bavière, exhibant son traité, signifie au
grand-duc d'avoir à vider les lieux qu'elle
s'est appropriés avec un tiers, à ses dépens,
et sans sa participation. La survenance
d'une affaire aussi étrange pouvait incendier
l'Allemagne, on s'empressa de l'étouffer.
L'Autriche n'étant nullement disposée à
remettre les territoires dont les dépouilles
de Bade devaient payer la rançon, à défaut
d'indemnité possible, la Bavière est restée
amincie de tout ce qu'elle a cédé ; et, dans
cet état, elle aura tout le temps de méditer

sur la beauté des traités clandestins faits
aux dépens d'autrui [1].

Mais pendant que la diplomatie cultivait
avec soin le maintien de la paix, l'orage
formé en Orient, par la révolution de la
Grèce, allait la troubler ; déjà les nuages se
rassemblaient. La patience de l'empereur
Alexandre touchait à son terme, en même
temps que sa vie ; il allait éclater. Les

---

[1] Un publiciste français, M. Bignon, publia à
cette époque un écrit qui frappa vivement l'opinion publique, et profita beaucoup à la cause de
Bade. Cet ouvrage fit ressortir tout l'odieux de la
conduite de la Bavière, et obtenir un beau triomphe à la publication de la vérité. Le ravisseur, cité
au tribunal de l'Europe, lâcha prise. L'auteur et
la France retirèrent de l'honneur de cet écrit ;
car toujours il sera honorable pour elle de voir
ses citoyens employer leurs talens à la défense de
la justice et de la vérité.

armées russes, mises en mouvement depuis
quelques années, l'arme au bras, impa-
tientes de leur oisiveté, appelaient les
combats, et ne faisaient céder leur ardeur
qu'à la force de la discipline imposée par
une autorité entourée d'immenses respects.
Enfin la carrière leur a été ouverte. Un
jeune empereur a paru à leur tête. La
Turquie s'en est émue, l'occident de
l'Europe n'a plus eu d'attention que pour
l'orient, et pour les scènes dont il allait
devenir le théâtre. Nous en traiterons dans
un moment : il nous reste à achever le tableau de la direction suivie par quelques
autres États depuis 1814.

La France, dans sa direction soit au
dehors, soit au dedans, a marché de concert avec les autres puissances; concourir
au maintien de la paix, à la restriction des

progrès de l'esprit humain que l'on qualifiait de révolutionnaire, car on crée des mots pour y trouver le droit d'agir, d'après la signification que l'intérêt leur assigne. Tel a été le fonds de la direction de la France depuis 1814... L'Autriche s'était chargée d'éteindre les institutions à Naples! La France en a fait autant en Espagne. Le parti alors dominant jetta les hauts cris contre une ordonnance célèbre, qui renfermait le préservatif de tous les maux que ce pays a éprouvés, depuis que ce parti eut le succès infortuné de la faire retirer. La France a accédé aux propositions, d'où est résulté le traité du 6 juillet 1826. Elle a coopéré avec générosité et loyauté à son exécution; car elle fait les frais de la reprise de la Morée, et de sa remise à la Grèce. Dès le principe, il était

très-clair qu'une expédition en Morée serait
nécessaire ; on voulait une fin à la guerre, et
le salut du reste de la population grecque; la
guerre poursuivie par les Grecs seuls,
n'offrait pas ce résultat. Il ne pouvait être
obtenu que par une force étrangère, supérieure à la résistance que la Turquie pouvait opposer... Mais, par la nature des
choses, cette force ne pouvait se trouver
qu'en France. Elle a un militaire de terre
supérieur à celui de l'Angleterre. On ne
pouvait pas user de celui de la Russie, en
guerre avec la Turquie ; on voulait conserver
les apparences de la paix avec celle-ci. Il
était contre la saine politique de donner
à des puissances prépotentes, telles que
l'Angleterre et la Russie, un prétexte quel-
conque pour s'approprier quelques portions
du territoire turc ; la France seule ne don-

naît pas d'ombrage ! Elle a donc été appelée
à remplir cet objet de l'alliance; elle l'a fait
avec zèle, courage et succès...

La Suède et le Danemark ont comme
disparu de la scène politique du monde.
La Suède n'est plus la Suède du grand
Gustave et de Charles XII. Tout a grandi
autour d'elle et à ses dépens; la Prusse et
la Russie se sont grossies de ses dépouilles.
Elle occupe toute la presqu'île Scandinave ;
c'est un poste de sûreté, et non d'influence
politique ! Il faudra un long temps pour
que la Suède trouve dans cette nouvelle
formation quelqu'élément de puissance
politique... Elle a la sagesse de renoncer
à l'ambition et à l'éclat pour le bonheur
domestique ; elle retrouve sous une main
habile, quoique adventice, tout ce que lui

avait fait perdre de bonheur une main
héréditaire...

Le Danemark ne compte pas comme puissance ; avec la Norvége il a perdu plus de
territoire que de force réelle. Cet état est,
dans l'ordre politique, sur la même ligne
que les petits états d'Italie ; des princes
modestes, un peuple s'engraissant dans
un bonheur matériel, sous un despotisme
qui ressemble à une épée dont la lame
reste cachée dans le fourreau, et ne laisse
voir que la poignée... Depuis 1814, on n'a
pas entendu parler politiquement de ces
deux états... Dans l'ordre politique, il n'y
a rien à dire des états du midi de l'Europe...
Le morcellement de l'Italie annule la plus
grande partie de cette contrée ; de petits
états peuvent former des apanages fort lucratifs et honorables pour les possesseurs ;

mais de ces jouissances privées, il ne reste
rien pour la politique ; le nord de l'Italie
est partagé entre le Piémont et l'Autriche ;
celle-ci intimide celui-là. Le royaume d'I-
talie des Français n'est plus qu'une province
allemande, destinée à fournir à l'Autriche
des recrues et de l'argent.

L'Espagne et le Portugal ont, depuis
1814, occupé bien laborieusement et tris-
tement l'Europe, avec scandales et sans
aucuns fruits... Deux fois on a restauré la
première ; deux fois on a eu à regretter
ce que l'on a fait pour elle ; un instant elle
a pu compromettre le repos de l'Europe
par son aversion innée pour toute espèce
d'institutions... Dans ce pays, le peuple est
toujours sans frein, souvent sans pain, la
désobeissance est une habitude, le brigan-
dage un état, le trésor une source tarie,

et le prince, tout en tirant ses droits du ciel, la tête dans la nue, reste sans force sur la terre... En Espagne, les autels sont à la fois chargés des offrandes de la superstition, et la terre des crimes qu'elle autorise, sous l'inspiration de ministres qui déshonorent celle dont ils osent porter la livrée révérée.

En Portugal, c'est encore pire; car Don Miguel y règne...

De pareils pays sont nuls pour l'ordre politique, et ne s'y font ressentir que par leurs inconvéniens; et cependant l'Italie, l'Espagne et le Portugal, renferment une population de 33,000,000 d'hommes, et sont susceptibles d'un produit financier de plus de 600,000,000 fr. Quelle déperdition pour la force de l'Europe occidentale, dont la nullité de ces trois contrées laisse à dé-

couvert toute cette aile droite de la défensive européenne, et ne peut pas davantage
pour le soutien du continent contre la Russie, que pour la liberté des mers contre
l'Angleterre; et puis, qu'on nous vante la
coalition du despotisme avec le mona-
chisme! Cette revue de la direction politique de l'Europe, depuis 1814, suffit pour
donner l'idée de l'emploi qu'elle a fait de
ses forces et de son loisir...; il est peu satis-
faisant, car il ne présente qu'un seul acte sur
lequel le cœur et l'esprit aiment également
à se reposer, la libération de la Grèce... La
diplomatie ne lui a pas fait une place dans
la politique; mais comme la civilisation
ne tient pas aux localités, et n'est pas attachée à la glèbe, celle de la Grèce sortira
de l'étroite enceinte où le peuple grec est
confiné, elle s'élancera sur tout l'Archipel.

Par la formation d'un gouvernement régulier en Grèce, la masse compacte de barbarie, qui de la côte orientale de l'Adriatique s'étend jusqu'au fond de l'Asie, se trouve entamée ; par sa position géographique, la Morée formera comme un pont sur lequel la civilisation passera d'Occident en-Orient ; les grandes îles de Rhodes, de Chypre, de la Crète, peuplées de Grecs, Smyrne, siége d'un grand commerce, et le commerce est ami de la civilisation, seront les conducteurs des empiétemens de la civilisation dans l'Orient... Sous ces rapports, la révolution de la Grèce est un événement capital dans l'ordre de l'humanité, et la diplomatie, en servant bien celle-ci, a bien servi celle-là.

Maintenant, les résultats du congrès de Vienne et de ce qui l'a suivi sont à découvert; c'est ainsi que l'on est arrivé au grand événement de la guerre d'Orient, guerre qui a révélé la véritable position de l'Europe, comme nous l'avons énoncé plus haut, guerre qui l'a menacée de la perte de cet état de paix qu'elle a cultivé avec tant de soins. Ici l'intérêt du sujet redouble, et, pour le présenter avec la clarté qu'exige son importance, nous en marquerons les caractères principaux. On peut en assigner trois :

1°. Le fait particulier de la guerre entre la Turquie et la Russie ;

2°. La prépondérance actuelle de la Russie, et les accroissemens qu'elle peut acquérir par le fait de cette guerre ;

3°. Le parti que dicte à l'Europe cette prépondérance présente et à venir.

Le temps, ce juste juge de tout, appren-

dra si le sultan Mahmoud a obéi aux impulsions d'un haut caractère, ou bien à
celle d'un orgueil brutal, en commettant
son empire avec celui du puissant souverain de la Russie. La disproportion des
forces ne l'a pas intimidé : le partage des
siennes entre les milices anciennes et nouvelles, la faiblesse toujours attachée au passage d'un état à un autre, la perte du sang
versé dans l'extermination des janissaires,
dans la guerre de la Grèce, toutes ces considérations n'ont pas ébranlé sa résolution :
depuis six ans, le feu était à une des extrémités de son empire, sans qu'il eût pu l'é-
teindre, et voilà qu'il en a rallumé un second bien plus ardent, à l'autre extrémité
de ses états; il est resté sourd, inaccessible
à toutes les représentations de la diplomatie européenne; la franchise habituelle

à l'état de barbarie, a dicté les expressions
de son manifeste; là, point de détours,
point de subterfuges, point de ces subtilités
avec lesquelles les diplomates européens
veulent lui faire entendre que c'est pour son
bien, et sans rompre la paix, qu'on coule
à fond ses vaisseaux, qu'on bloque ses
ports, qu'on affranchit ses sujets de son
obéissance, et qu'on peut le caresser d'une
main en le dépouillant de l'autre. Le *rec-*
tiligne Mahmoud n'entend rien à ces dou-
bles rôles : il paraît n'en connaître qu'un,
celui de tirer vengeance de ce qui le blesse,
en y employant les moyens en usage dans
l'Orient. Ce prince s'est trouvé investi tout
à coup de l'intérêt qu'inspirent le courage et
la détermination dans tous les rangs et
dans toutes les positions, mais principalement dans les rangs élevés et dans les posi-

tions critiques... On a vu avec un étonnement mêlé de plaisir sortir tout armé d'un
palais, théâtre de voluptés, un prince qui
s'arrachait à la mollesse, dans laquelle ses
prédécesseurs avaient puisé cette faiblesse,
qui avait énervé leur empire. Mais le courage a des règles, il ne peut utilement être
séparé du jugement qui doit en régler l'emploi : le courage d'esprit suit d'autres règles que le courage purement physique :
le premier est de rigueur pour les chefs des
états, le second ne l'est que pour les subordonnés. Le temps apprendra si Mahmoud
a obéi au premier, ou s'il a seulement cédé
à la vaine présomption de ses forces, s'il
sera le restaurateur ou le destructeur de
l'empire des sultans... L'Europe a vu avec
étonnement surgir une résistance opiniâtre,
et des nuées de combattans, du milieu

d'hommes qui n'avaient su trouver contre la Grèce que de faibles détachemens, qui avaient emprunté à l'Égypte la force qui manquait parmi eux, et qui semblaient ne devoir être qu'une proie facile pour les Russes... Ceux-ci ont attaqué la Turquie en Europe et en Asie; l'armée qui avait triomphé de la Perse, a marché sur les provinces asiatiques de la Turquie, par des routes encore inconnues aux soldats de la Russie. Telle est la conséquence de l'avancement graduel de la Russie vers les régions comprises entre la mer Noire et la mer Caspienne. La Russie a franchi le Caucase; la dernière guerre avec la Perse l'a rendue maîtresse des provinces persanes qui bordent le mer Caspienne ; par-là elle se trouve dominer les provinces turques asiatiques, et, dans le cas de guerre, ses armées,

4

entrant dans les pachaliks d'Asie, s'avancent de l'orient vers Constantinople, pendant que l'armée du Danube s'avançant du côté de l'occident, la capitale de l'empire ottoman se trouve ainsi placée comme entre deux feux. Cette guerre d'Asie, à laquelle on n'a pas fait assez d'attention, occupera dans cette partie les forces turques qui auraient pu marcher en Europe. Cette diversion affaiblira beaucoup la défense des Turcs sur la mer Noire. Les Russes ont fait la guerre d'Asie contre les Turcs, avec les mêmes avantages qu'ils avaient obtenus contre les armées persanes. Des forteresses, des positions inexpugnables avec des troupes européennes, une énorme supériorité de nombre, tout a cédé. Les Turcs d'Asie n'ont su rien défendre ; ceux d'Europe ont montré beaucoup plus de virilité. Braïlow, Varna se sont défendus avec vigueur : les autres places n'ont pas cédé, et le Balkan a été défendu avec opiniâtreté. On devait s'attendre à ce résultat ; car les Turcs, comme les Espagnols, tiennent bien derrière toute muraille, et supportent des misères dont l'idée ne se présente pas ailleurs. Le principe de cette opiniâtreté est, 1°. dans l'incivilisation de ces peuples qui ne se mêlent pas avec les autres nations ; 2°. dans la pratique de l'esclavage, qui, chez eux, fait partie du droit de guerre. Pour s'y soustraire, tout habitant d'une ville assiégée devient soldat; aux motifs ordinaires de résistance qui agissent sur les peuples civilisés, se joint celui de la conservation propre : c'est ce qui explique les résistances désespérées, célèbres dans l'histoire. Numance, Sagonte, ont pré-

4.

féré la mort à l'esclavage. L'homme poussé
à toute extrémité puise un courage insur-
montable dans le soin de sa conservation
propre ; les femmes, les enfans, voués aux
horreurs de la captivité, aux douleurs d'une
expatriation et d'une séparation éternelles,
s'associent à la défense commune, et chargent leurs faibles bras d'armes, qui, dans
des contrées régies par des lois plus humaines, n'eussent jamais été à leur usage.
L'occident de l'Europe ignore encore quelle
cause positive a produit l'alanguissement
de la campagne russe : celui-ci a étonné et
avec raison [1].

---

[1] Quelque difficile qu'il soit de déterminer d'une
manière positive, la somme des forces que la Russie
a employées dans cette campagne, on peut cependant l'évaluer approximativement par le nombre

Y a-t-il eu infériorité numérique pour
une marche plus active , défaut de bonnes
combinaisons pour l'entretien de l'armée,
contrariétés de la saison, ou suite de la

---

des corps d'armée qu'elle a fait agir, et par les
emplacemens qu'ils ont occupés. L'armée russe a
été partagée en deux corps : 1º. celui qui devait
garder les principautés et observer les places du
Danube : 2º. l'armée active qui a fait le siége de
Braïlow, celui de Varna, et qui a stationné devant Schumla.

C'est beaucoup si le premier corps montait à
trente mille hommes. On peut en juger par la
force de celui du général Guisenar, qui, chargé
de la garde de la Petite-Valachie, n'a pas pu
réunir contre le pacha de Widdin plus de quatre
mille hommes. Dans tout le cours de la campagne,
les avis des principautés ont annoncé uniformément que ces provinces étaient dégarnies de troupes, et que les renforts amenés pour le général
Guisenar arrivaient péniblement. Le général
Roth, campé devant Silistria, a été relevé fort tard

contagion endémique dans ces contrées?
car les Turcs ont la peste pour auxiliaire,
comme les Grecs du Bas-Empire eurent le
feu grégeois. L'empereur Nicolas n'a-t-il
voulu que ce qu'il a fait? Est-il entré dans

---

par quelques troupes venues de l'intérieur de la
Russie. Devant Varna, le prince de Wurtemberg
a dû quitter ses positions pour venir soutenir les
assiégeans : parmi ceux-ci, la garde russe comptait pour beaucoup. Ce n'est donc pas s'éloigner
de la vérité que de porter l'armée, mise en mouvement dans le cours de la campagne, à cent dix mille
hommes. Ce nombre ne suffisait pas pour obtenir
un succès décisif, et épargner une seconde campagne; la Russie, en n'opérant qu'avec une petite
fraction de ses forces, a comme recréé celles de la
Turquie. Celle-ci a eu le temps de se reconnaître,
et de profiter des positions défensives devant lesquelles elle a arrêté son ennemi.

L'armée de Witgenstein a agi *seule; celle* de
Saken a gardé ses cantonnemens. L'armée polo-
naise n'a pas fait de mouvement.

ses vues de ne frapper son ennemi que jusqu'au point nécessaire pour l'amener à accepter les conditions énoncées dans son manifeste ? N'avait - il proportionné ses forces qu'à la résistance présumée chez son ennemi ? Telles sont les questions que présentent la conduite et la solution de la campagne des Russes. Le reste de la saison sera-t-il employé aux siéges des places dont la prise est nécessaire pour assurer la liberté des derrières de cette armée, pour maintenir la tranquille possession des principautés, et pour donner à l'armée russe le temps de se refaire , et de recevoir les renforts qui , de toutes les parties de l'empire , peuvent affluer au milieu d'elle ? Pour cette fois, elle ne manquera ni en nombre , ni en moyens d'approvisionnemens. La prise de Varna donne

les magasins et les lieux de dépôt. N'ayant
plus d'obstacles sur ses flancs, l'armée
russe, dans une seconde campagne, peut
déployer des forces irrésistibles, et marcher en avant.

Tel est, au moment où nous écrivons,
l'état de la guerre de la Turquie ; sa con-
tinuation, avec les suites qu'elle ne peut
manquer d'avoir, dépendront de plusieurs
causes : 1°. le caractère du sultan ; 2°. les
succès de la diplomatie qui va se jeter entre
les combattans ; 3°. les dispositions de
l'empereur de Russie. Un instant ses armes
ont trompé l'attente générale ; si elles ont
repris de l'ascendant, il peut être attribué
à de douloureux sacrifices, et à ce courage
servilement opiniâtre que le soldat russe
tient de sa civilisation encore slave, car
ici le combat est entre les enfans des Sar-

mates et ceux des Scythes. L'empereur
russe voudra-t-il voiler ou étaler toute sa
puissance ? rassurer l'Europe effrayée de
sa force, ou la dominer par la frayeur
qu'elle est propre à inspirer ? Ce souverain
ne peut-il pas être conduit à sortir de la
modération même de son caractère, et de
celle de ses premiers plans, par les provo-
cations du sultan, par son inflexibilité ?
Ne perdons pas de vue l'espèce de contradiction, et de double nature qui existe
dans la guerre que se font Mahmoud et
Nicolas. Celui-ci dit : *Je veux des garanties pour le commerce de mon empire,
et des indemnités pour les frais de la
guerre.* Le sultan répond : *Vous êtes naturellement mon ennemi; depuis huit
ans vous me dépouillez systématique-
ment : vous avez juré ma perte; il vaut*

mieux mourir que rester dans cet état.
Comme l'on voit, voilà des langages bien
différens. On sent qu'il est difficile de rap-
procher ceux qui pour le tenir, et en le
tenant, partent de points si opposés, et
aboutissent à des résultats si contraires. Il
peut donc arriver que les dispositions de
l'empereur russe soient modifiées par celles
de l'empereur Mahmoud, de manière
qu'en définitif, ce soit celui-ci qui reste
l'arbitre de la paix publique de l'Europe,
comme il a été celui de l'éclat, et de la guerre
qui l'occupe si sérieusement. Pendant que
la fortune balançait entre les combattans,
les sentimens de l'Europe ne se sont pas
tenus secrets : elle applaudissait, sur le
Danube, aux succès de ceux à l'expulsion
desquels elle travaillait en Morée. Cette
explosion renferme des avertissemens pour

la Russie, et ceux-ci peuvent entrer dans les calculs auxquels sa position doit la porter.

Maintenant, c'est de celle-ci et de ses effets présens et à venir sur l'Europe que nous avons à nous occuper.

Par l'étendue des possessions de la Russie en Europe, cette contrée se trouve partagée en deux parties, l'une orientale et l'autre occidentale. Toute la première est à la Russie ; compacte, sans lacune, sans voisinage inquiétant, adossée au pôle, couverte par deux mers, par le Caucase et le Danube ; la seconde, divisée en vingt populations, étrangères les unes aux autres de langages, de mœurs, d'intérêts, de mode de gouvernement. Nous ne reviendrons pas ici sur ce que, dans d'autres écrits, nous avons dit des formidables attributs qui appartiennent à la Russie; l'orgueil peut en murmurer, la liberté peut en être blessée ; on peut se refuser à reconnaître, à s'avouer à soi-même ce qui déprécie ou ce qui gêne : mais, toutes naturelles qu'elles peuvent être, ces répugnances ne détruisent pas les faits, elles n'ôtent rien au pouvoir de la Russie, et n'ajoutent pas aux moyens de préservation qui restent à l'Europe ; le pouvoir est créé, il ne s'agit plus que de se défendre de ses effets. L'Europe doit avoir des libertés ; il n'y a plus qu'à rechercher comment on peut les garantir ; car, ici, c'est de les garantir seulement qu'il peut s'agir.

Il est une incontestable vérité, c'est que l'Angleterre et la Russie sont maîtresses, l'une sur mer, l'autre sur le continent de l'Europe. Tout ce qui a été dit pour ébranler cette assertion, n'a servi qu'à l'affermir.

Il faut fermer les yeux pour ne pas voir le nouvel ordre de notre monde politique; chaque jour ajoutera à la démonstration de son existence. Mais ces deux suprématies diffèrent dans leurs effets comme dans leur nature : celle de l'Angleterre s'exerce sur le dehors, et comme sur l'enveloppe de l'Europe; celle de la Russie agit sur le corps même de l'Europe, avec lequel elle est en contact immédiat. L'Angleterre peut saisir la richesse de quelques-uns, la Russie peut s'en prendre à l'existence même. L'Europe a échappé à la dictature de Charles-Quint, à celles de Louis XIV et de Napoléon; échappera-t-elle de même à la pression bien autrement onéreuse de la Russie? Voilà ce qu'il faut rechercher, avec toute la rectitude de pensées et de sentimens qu'exige un pareil sujet. Son-

geons donc que, dans cette cause, l'Europe
même est en question; qu'à la différence
de ses anciens sujets d'occupation, il ne
s'agit plus *du plus ou du moins pour tels ou
tels,* mais qu'il s'agit du plus haut de tous
les intérêts, celui des libertés publiques
de l'occident de l'Europe. Il n'est pas à
craindre de devenir propriété territoriale
de la Russie; mais il ne faut pas subir
une *vassalité* politique, ni souffrir une
suzeraineté incompatibles avec la dignité
et la liberté. Or, voilà où l'on en est à
l'égard de la Russie, et cet état peut être
aggravé par la guerre de l'Orient. En effet,
tout ce qui grandira la Russie en territoire, en renommée militaire, l'agran-
dira en poids et en influence sur les états
de l'occident de l'Europe. L'Europe est
comme placée dans les bassins d'une ba-

lance dont le poids fait descendre l'un à
mesure que l'autre monte. Une ligne de dé-
marcation est donc fortement tracée entre
l'orient et l'occident de l'Europe, entre les
intérêts de l'un et ceux de l'autre, de manière à réduire à la plus simple expression
toute la science diplomatique, et à la borner à cette formule : *Étes-vous de l'orient
ou de l'occident de l'Europe ?* En arrivant
à l'extrême, les questions se simplifient et
s'éclaircissent, et les choses en sont venues
en Europe, à force de tendre aux extrêmes,
à ce degré de simplicité et d'évidence.
Par-là même il est encore évident, 1°. que
la Russie sera dorénavant l'objet habituel et
principal de l'attention de la politique européenne. La Russie n'est pas une hostilité;
mais elle est un danger commun, habituel, un poids qui gêne, même en s'abs-

tenant d'écraser. Une position aussi claire
épargne la peine de rechercher la conduite
que l'on doit suivre, car elle commande
visiblement; et cette conduite, pour être
utile, ne peut être que l'union de tous les
faibles contre celui qui est plus fort que
chacun en particulier, et égal à tous ensemble. Par-là l'union devient une nécessité, et tel est aujourd'hui le besoin de l'Europe. J'ai travaillé dans un autre écrit à incul-
quer profondément cette vérité; je ne revien-
drai donc pas sur les raisons exposées dans
cet ouvrage; elles sont concluantes pour qui,
dans l'examen de pareilles questions, ne
se laisse pas entraîner par des préjugés
préétablis, ou par un faux point d'honneur qui le porte à rejeter tout ce qui ne
place pas son pays sur le premier plan,
ou qui l'en fait descendre. La raison et

l'utilité ne s'accommodent pas de cette exaltation soi-disant patriotique , et ce patriotisme-là perd son honneur par l'égarement de son application.

2⁰. L'orient de l'Europe , ou la Russie est plus fort que l'occident ; le premier est inaccessible aux coups du second, et celui-ci peut toujours être frappé et blessé par celui-là. La Russie est homogène sous tous les rapports ; l'occident est divisé dans les mêmes proportions : des familles royales de l'occident peuvent tenir à la Russie par des liens de diverses natures, et en dépendre ; la Russie en est affranchie : il y a la différence du fort au faible , du protégé au protecteur : ce sont des causes de partage et de séparation de la cause européenne, qui ne se trouvent pas en Russie. On en voit la preuve dans l'attitude que la Prusse a

prise depuis la guerre. L'occident de l'Europe
recèle donc des germes, des principes d'affaiblissement étrangers au sol de la Russie:
chez elle, tout se meut d'après une impulsion propre et unique... Dans notre civilisation, la force active des états se manifeste principalement par celle de leurs
armées; la Russie en possède une très-im-
posante par le nombre et par la science;
aujourd'hui son instruction égale celle de
tout le militaire européen, et l'exercice ac-
croît cette science. La Prusse ni l'Autriche
ne peuvent combattre à armes égales, cha-
cune en particulier, contre leur redoutable
voisin; tout affaiblissement de l'une re-
tombe sur l'autre; le besoin de l'union entre
elles ressort donc de toute part, non pour attaquer et dépouiller, mais pour se défendre
et rester libre... Dans cette position, il n'y

a plus de Prussiens, ni d'Autrichiens, il
n'y a que des occidentaux menacés par les
orientaux ; je dirai plus, il n'y a plus d'Allemands, ni même de Français ; car, si les
barrières de l'occident, qui se trouvent en
Prusse et en Autriche, cèdent aux efforts
de la Russie, ou sont assaillies par elle,
quelle sera la liberté ou l'influence du reste
de l'Allemagne et de la France? Sur quoi
s'appuieront-elles? Il faut donc toujours
revenir au principe de l'union, comme la
garantie de tous en général, et celle de
chacun en particulier, non pour attaquer,
comme on l'a déjà dit, mais pour se pré-
server ; le système ne peut pas ne pas suivre
la nature de la position qui le crée ; celle-ci
est toute entière de l'ordre défensif. Le système ne peut pas s'écarter de cette ligne, il
faut que l'Europe s'accorde, qu'elle se serre

d'un nœud étroit, indissoluble, égal par sa force et par sa durée au danger qui la menace.

Dans cet état de choses, je dirai à la Prusse : Il est vrai, vous avez de grandes obligations à la Russie ; Alexandre vous a retirée du tombeau, il a été votre second créateur ; Frédérick vous avait donné gloire et puissance, Alexandre vous a rendu l'existence ; que vous écoutiez le sentiment de la reconnaissance, qu'elle vous fasse la loi de vous abstenir de toute contrariété volontaire à l'égard de la Russie, cette conduite vous sera allouée par tout le monde ; pour dépasser cette borne, n'alléguez pas les liens de famille ; les états ne sont point parens; les hommes peuvent se toucher cœur à cœur, mais les états ne se touchent que par les intérêts. François II n'a-t-il pas

précipité sa fille du trône sur lequel il
l'avait fait monter, comme une sauvegarde
pour lui-même; quand le besoin eut changé,
le père fit place au prince; pour le salut de
la Grèce, en se voilant le visage, le roi des
rois souscrit à la mort de sa fille. Après
avoir ainsi rempli les devoirs de la reconnaissance, que la Prusse remplisse aussi ce
qu'elle doit à l'Europe et à elle-même;
quand la Russie sera devenue plus volumineuse et plus pesante pour les autres,
la part qui appartient à la Prusse dans
le fardeau commun sera-t-elle diminuée?
Quand Rome abattait Antiochus, Persée
en devint-il plus puissant? Lorsque Napoléon faisait deux fois signer à l'Autriche
la paix sur les glacis de Vienne, la Prusse
grandissait-elle en pouvoir et en liberté?
Après Iéna, la Russie fut-elle plus forte,

et plus libre dans ses mouvemens? Massinissa aida Rome à renverser Carthage; son trône, exhaussé d'abord sur les débris de celle-ci, ne passe pas à son petit-fils... Que signifient des médailles frappées à Berlin pour les victoires des Russes? Comment les porte-voix des succès de ce peuple menaçant pour tous, se trouvent-ils en Prusse? Est-ce donc que la Prusse ne fait point partie du corps de l'Europe? Hors de liaison avec ce corps, qu'est la Prusse? que peut la Prusse? Ce qu'elle a pu dans la guerre contre Napoléon. Ne sait-elle donc pas que les jours d'inimitié survivent aux jours d'intimité, amenés par la suite inévitable des événemens, et de l'opposition que le rapprochement crée infailliblement entre des états voisins?... N'y a-t-il pas eu de ces années d'intimité entre la

Prusse, le directoire, le consulat et l'empire! Un jour les intérêts se sont trouvés opposés, et elle a péri. La Prusse va-t-elle reprendre le rôle qu'elle a joué depuis 1795? car on lui doit la justice de dire que, jusque-là, elle a agi fidèlement dans l'esprit de la déclaration de Francfort, en 1792, et qu'elle ne s'est séparée de la coalition que lorsque celle-ci, par la convention d'Anvers, 2 avril 1793, dénatura le sens de la coalition, et ne s'occupa plus que de dépouiller la France, que la Prusse regardait alors comme son alliée naturelle; la Prusse avait le bon sens de ne pas vouloir travailler à donner des provinces françaises à l'Autriche. Mais, à l'époque 1795, la séparation de la Prusse de la cause commune perdit celle-ci, et donna à la France des facilités pour prévaloir sur des ennemis di-

visés... C'est par suite de cette ségrégation
que la Prusse accéda à la guerre déplorable
de 1806; elle s'était applaudie de son *à parte*
politique ; elle avait assisté dédaigneuse-
ment à la ruine de tous les autres, la sienne
se trouva dans le premier débat sérieux qui
s'éleva entre elle et Napoléon. La Prusse
se flatte - elle d'échapper constamment
à la même fatalité? Peut - elle répondre
que tout sujet de contestation entre la Russie et elle n'existera jamais ? Que toujours
les souverains de Pétersbourg, maîtres en
Pologne, s'accommoderont de la prolonga-
tion des états prussiens sur un des flancs de
leurs possessions polonaises? Que toujours
les princes russes résisteront aux attraits
de l'exercice de leur pouvoir? Qu'est la
Prusse seule et isolée vis-à-vis de la Russie ? Que sont ses deux cent mille soldats,

en comparaison de l'armée russe? Dans
sa fusion avec le corps de l'Europe, la
Prusse a un grand pouvoir, elle y devient
un état très-important; séparée de l'association, elle n'est rien; le premier choc
avec la Russie la brisera, et alors il ne se
trouvera pas en Allemagne un second
Alexandre pour la retirer de l'abime; la seconde chute sera irréparable... Cette position de la Prusse est si claire, elle ressort
de tant de considérations évidentes, que
l'on peut être fondé à reconnaître quelques
signes de frayeur de la part de la Prusse,
pour ses démonstrations d'empressement
à célébrer les triomphes de la Russie; Berlin,
comme Sparte, élève un autel à la peur, et
demande aux dieux, par ses *ex-voto*, d'é-
carter d'elle les orages; les enfans de Lycurgue leur demandaient d'écarter la peur

de leurs cœurs... Les joies de Berlin sont
trop contraires à la nature des choses pour
pouvoir être sincères, même pour le paraître aux yeux de ceux dont il recherche la
bienveillance; aujourd'hui, se farder est
peine perdue, tous les masques sont percés,
la supériorité à Pétersbourg sait qu'elle
ne peut pas être sincèrement aimée par
l'infériorité à Berlin. La nature des choses
proteste contre ces visages rians et ces paroles de dévouement; il est impossible que
cette vérité ne frappe point les yeux des
Prussiens eux-mêmes, et qu'elle n'opère
point parmi eux le partage qui a régné dans
leur cabinet, entre ceux qui voulaient de
l'alliance française, et ceux qui n'en voulaient pas, partage qui a conduit ce
pays à sa ruine. Les Hertzberg, les Lu-
chesini, les Hawgnitz, se croyaient bien

habiles, en bornant toute leur perspicacité
à *regarder leurs voisins brûler*. Qu'en
pensaient-ils le lendemain de la bataille
d'Iéna ? Il est des positions qui n'admet-
tent pas le doute, non plus que la satisfaction qu'on peut éprouver à se faire rechercher, à montrer sa force comme poids
décisif en faveur du parti auquel on l'ac-
cordera; tout cela appartient à la vieille
et décevante diplomatie; les positions extrêmes veulent des décisions nettes et pui-
sées dans la nature des choses, et sûrement
la nature des choses à l'égard de la Prusse,
encore plus pour elle que pour tous les autres, est assez évidente pour n'admettre
aucune hésitation dans la direction qu'elle
doit suivre... Prussiens, il s'agit pour vous
d'être ou de n'être pas; d'être puissance ou
simplement satellites d'une autre puissance.

L'histoire est là pour vous guider, et votre mémoire n'a pas d'efforts à faire pour vous rappeler de sévères leçons... Votre patrie saigne encore des aberrations de sa politique pendant la révolution française; gardez-vous de la rechute dans de pareilles fautes, car elle serait mortelle [1].

A Vienne on ne frappera pas de médailles pour la prise de Varna, on n'illuminera pas pour les succès des Russes. Là,

---

[1] Ce langage est conforme à celui que j'adressai à la Prusse en 1800, dans l'ouvrage intitulé : *La Prusse et sa Neutralité.* Les circonstances actuelles sont semblables à celles de cette époque! la conduite paraît être la même, le résultat le sera aussi; cela est écrit dans la nature des choses, dont les arrêts sont plus sûrs que les versatiles spéculations des cabinets. La Prusse, voisine de la Russie, et célébrant les triomphes de bien plus fort qu'elle! *stupete gentes!*

plus on est rapproché territorialement de
la Russie, plus on en est éloigné politiquement. Les intérêts se heurtent en se touchant. Les Russes et les Autrichiens sont
venus ensemble à Paris, on ne les rencon-
trera pas ensemble sur la route de Constantinople. Si le sort les y conduit, ce sera
pour s'y combattre et non pas pour s'y en-
tre-aider, comme ennemis et non comme
auxiliaires.

Entre états, la jalousie a ses règles
comme sa hiérarchie, comme elle l'a entre
les conditions privées. La jalousie ne fran-
chit pas à la fois un grand nombre de
degrés : elle est égalitaire, elle ne va pas
du grand au petit, de ce qui est très-fort
à ce qui est très-faible ; ainsi, les grands se
jalousent entre eux, et ne jalousent pas le
peuple. La Russie ne jalouse pas la Saxe,

ni le Wurtemberg. Une supériorité décidée égalise le sentiment; mais il subsiste
dans toute sa force entre des états qui
ont une consistance suffisante pour la défense propre, et dans certains cas pour la
répression. Or, telle est la position de l'Autriche à l'égard de la Russie. Le territoire
des deux états se touche sur une grande
étendue [1]. Les plus fructueux domaines de

---

[1] Si j'étais propriétaire en Galicie ou bien en
Moravie, je me hâterais de porter plus loin ma fortune, car ces deux contrées sont destinées à recevoir
souvent les Cosaques, et à servir de grands chemins
et de champs de bataille aux armées de la Russie
et de l'Autriche. Les voilà dans l'état où se trou-
vaient les Pays-Bas espagnols, les bords du Rhin
et le Milanais, qui, pendant trois cents ans, ont
servi de théâtres aux combats de l'Espagne, de
la France, de l'Autriche et de la Prusse. La position est absolument la même; les Russes et les

l'Autriche sont exposés aux premiers coups de la Russie ; elle peut recevoir la guerre chez elle plus facilement que la faire chez la Russie : tout ce qui peut grandir la Russie, par nature, est donc comme antipathique à l'Autriche. Par-là elle se trouve au pre-

---

Autrichiens se rencontreront en Galicie et en Moravie, comme les Français et les Prussiens se sont rencontrés contre les Espagnols et les Impériaux, dans les Pays-Bas autrichiens, aux bords du Rhin, en Piémont et en Silésie. Voyez en quel état se trouvait la Saxe à la fin de la guerre de *sept ans*, par le séjour des armées prussiennes et autrichiennes qui, inévitablement, se rencontraient sur son territoire. Il en sera de même pour la Galicie et la Moravie : le rapprochement des deux puissances fera que ce sera toujours en ces lieux que l'Autriche et la Russie se mesureront. Toute campagne de guerre entre elles commencera là : heureux si l'Autriche suffit à y maintenir une défensive suffisante.

mier rang de l'opposition que l'occident de
l'Europe forme contre son orient, qui est
la Russie. L'Autriche est condamnée à
une surveillance continuelle de la Russie.
Tout succès de celle-ci l'attriste, tout revers
la réjouit; car, à chaque alternative, elle
sent alléger ou aggraver le fardeau. C'est
ce qui explique la conduite que cette puissance a tenue, et le langage dont elle a
usé. A Vienne, on dit ce que l'on n'oserait
pas dire à Berlin; aussi, pendant qu'à Berlin
étaient les Hérauts d'armes des Russes,
à Vienne se trouvaient ceux des Turcs. La
différence des démonstrations provenait de
la différence de la puissance. Mettez à
Berlin la force qui est à Vienne, et vous
verrez si on y frappera des médailles pour
Varna, ou si l'on laissera éclater sa joie
pour la résistance des Turcs.

Depuis Charles Quint, l'Autriche est au premier rang des puissances de l'Europe, vengeur de l'équilibre, qu'elle dérangeait elle-même toutes les fois qu'elle en trouvait l'occasion. Ainsi, trois fois elle fit le fond de l'opposition contre Louis XIV. Trois fois elle s'est opposée aux accroissemens de la France républicaine ou impériale. Les circonstances la placent d'une manière permanente dans un système d'opposition à la Russie. Le premier système était de choix; le second est de nécessité et comme de rigueur au temps présent; car alors il ne s'agissait que de combinaisons politiques, l'ennemi était au loin, au lieu qu'ici, l'ennemi est aux portes, et il y va de l'existence. L'Autriche est patiente, riche en matériel de guerre, forte d'un militaire nombreux et comme indestructible, ainsi que l'a

6

prouvé sa présence, pendant vingt ans, sur les champs de bataille de la révolution. L'Autriche est la première ligne défensive de l'occident de l'Europe : elle possède tout ce qui peut la rendre propre à bien remplir cet emploi.

En esprit de prévoyance, l'Autriche a décliné toute participation au traité du 6 juillet : elle se réservait ainsi toute sa liberté pour les événemens dont elle ressentait l'approche plus ou moins imminente. Elle ne voulait pas se trouver liée par les engagemens qui placent les alliés dans un imbroglio d'alliances et d'hostilités entre eux et avec le Grand-Turc. L'Autriche n'a pas cessé de maudire la révolution de la Grèce, soit comme source d'affaiblissement pour son allié naturel, qui est la Turquie, soit comme source de conflits inévitables entre.

elle et la Russie. Quand, à Laybach, l'empereur Alexandre disait que la révolution de la Grèce pouvait amener des résultats incalculables, l'Autriche recueillait ces paroles, elles la pénétraient d'un profond effroi, et toute sa direction a tendu à écarter les tristes réalités annoncées par ces prévisions menaçantes. Aussi l'a-t-on vue à la tête du parti pacifique dans le divan. Toute guerre peut la commettre avec la Russie et doit finir par-là. On sent donc quel intérêt a l'Autriche à écarter tout ce qui peut créer pour elle la nécessité d'une prise d'armes ; par-là même on voit combien un système d'union avec les autres puissances convient à l'Autriche : de plus, puisqu'elle est la plus exposée aux coups de la Russie, et qu'elle est en infériorité de forces avec elle, une union dans laquelle l'Autriche trouvera de l'ap-

6.

pui, est tout ce qui lui convient le mieux,
et qui lui conviendra davantage, à mesure
que cette union aura plus d'intensité.

L'Angleterre ne s'est pas trompée sur ces
dispositions élémentaires et comme innées
de l'Autriche; car d'emblée elle s'est adres-
sée à elle, et l'on a vu les liaisons se
resserrer entre les deux pays à mesure que
la guerre de la Turquie s'est développée.

L'Autriche étant la seule puissance du
continent qui puisse s'opposer avec efficacité à la Russie, c'est donc à elle que l'Angleterre à dû s'adresser. Pour cela faire, il
n'était pas besoin de science, il suffisait
d'ouvrir les yeux. C'est ainsi que, dans les
trois coalitions que le roi Guillaume fit
former contre la France, il commença toujours par s'adresser à l'Autriche : il bâtit
son opposition sur ce fondement, estimant

avec raison qu'avec elle, il y avait suffisance
pour l'objet qu'il avait en vue, et que sans
elle, il y avait insuffisance, même avec l'ad-
hésion des puisances qui alors occupaient
une grande place en Europe, telles que
l'Espagne, la Suède, etc.

L'Angleterre n'a pas besoin d'être exci-
tée à se réunir au corps de l'Europe .pour
en former une barrière contre la Russie : au
contraire, c'est elle qui excitera les autres
à cette réunion tutélaire de la sûreté commune. On la voit, dans ce moment, en relation intime avec l'Autriche : il n'est pas
difficile d'en deviner l'objet... En même
temps, elle sollicite la France, et sûrement
c'est dans les mêmes vues... L'Angleterre
s'est liée avec la Russie pour la libération
de la Grèce ; là, comme la France, elle est
entrée dans un double rôle, qui les a con-

duites toutes les deux à une fausse position ;
car toutes les deux veulent la conservation
de l'empire ottoman, et, en l'attaquant en
Morée, elles peuvent avoir à le défendre sur
le Danube. De plus, elles pouvaient avoir à
soutenir une guerre directe contre celui
qu'il est dans leur intention d'aider contre
la Russie ; car il est bien évident que, si les
Turcs avaient prévalu contre les Russes, le
sultan eût dirigé sur la Morée une partie
de ses forces... Alors l'Angleterre et la
France avaient une guerre directe avec la
Turquie, car le sultan ne se fût point prêté
aux subtiles dictinctions de la diplomatie ;
mais, écartant sa vaine logomachie, il eût
marché droit à son but, et il eût posé net-
tement l'alternative de l'évacuation de la
Morée ou de la guerre... Ce que cette position renferme de *gauche* et de contraire

à des besoins éventuels, n'a pas échappé à
la prévoyance de l'Angleterre, et c'est par
cette prévoyance qu'il faut expliquer sa
conduite : elle n'a pas répudié les lauriers
de Navarin, comme on l'en a accusée avec
inadvertance : mais, ayant toujours devant
les yeux l'éventualité de la nécessité de son
assistance pour la Turquie, elle a voulu
donner à cet acte la couleur la plus propre
à diminuer l'irritation du sultan. Celle-ci
était bien naturelle ; que dirait le roi Geor-
ge, si les Turcs et les Persans venaient
émanciper les Irlandais, et brûler une
flotte anglaise dans le port de Cork ou de
Dublin? C'est dans le même esprit que les
papiers anglais ont traité de chevaleresque,
d'aventureuse, l'expédition française en
Morée ; il y avait un *sous-entendu* dans ces
paroles, et ce sens caché était celui-ci : *La*

*France expose le salut de l'empire otto-
man, pour celui de la Grèce : elle sacrifie
un intérêt politique du premier ordre à
un mouvement de générosité.* L'événement
de Varna a sauvé à la France, et peut-être
même à l'Angleterre, une guerre directe
contre les Turcs : s'il eût été le plus fort,
on aurait retrouvé dans le sultan l'homme
qui a dit [1]: *Tout homme de bon sens, sait
que les infidèles sont naturellement enne-*

---

[1] Voyez la réponse du reis-effendi au ministre
du royaume des Pays-Bas. Le ministre turc arti-
cule positivement que la Porte va diriger sur la
Morée une force capable de chasser l'expédition
française, et qu'elle entend terminer par la force
la question grecque Il est bien évident que si les
Turcs avaient des forces disponibles après celles
que requiert leur défensive contre les Russes,
elles seraient dirigées contre l'armée française de
la Morée. C'est à Varna et en Asie que la France
a été affranchie de cette guerre.

mis des musulmans, et que les musulmans sont naturellement ennemis des
infidèles; que toutes les puissances chré-
tiennes aspirent également à la destruction de l'empire ottoman. Des paroles
aussi claires, une incompatibilité si profondément sentie et si hautement proclamée,
ne laissent pas de doute sur les suites
qu'elles auraient eues, si la force eût égalé
la résolution... L'Angleterre ne s'est pas
fait illusion sur ce point : aussi n'a-t-elle
pas cessé de travailler sur l'esprit du divan :
on a traité d'intrigues, certaines contrariétés qu'a éprouvées l'ardeur du soldat déposé sur les plages de la Morée; le principe
en était là. L'Angleterre, qui avait négocié
à Alexandrie l'évacuation du pays, tendait
à éloigner tout acte qui aurait pu porter le
sultan à une irritation décidément hostile;

l'occuper en Morée était servir les Russes
sur le Danube, et c'était ce que l'Angleterre
ne pouvait pas vouloir. Les guerriers ne
voyaient dans l'expédition que le côté militaire; l'Angleterre y voyait de plus le côté
politique et l'avenir de la guerre pour l'é-
tat qu'elle a intérêt de maintenir... Elle
continuera la même marche; et, si des négociations s'ouvrent pendant l'hiver, on les
devra en partie à sa persévérance auprès du
divan, et à ses représentations à Pétersbourg, jointes à ses liaisons avec Vienne...,
Les Turcs eux-mêmes, avec leur instinct
grossier, ne se sont pas abusés sur cette
disposition auxiliaire de l'Angleterre : ils
ont placé une confiance sans bornes dans le
besoin qu'a l'Europe de ne pas les laisser
en proie à la Russie; cette conviction a affermi leur résistance; et, par cet acte de la

seule lumière naturelle, ils ont donné une grande preuve de perspicacité et un grand enseignement à l'Europe. On peut croire qu'à Corfou il y a dans le langage de M. Strafford Canning quelque chose de moins incisif que dans celui des autres plénipotentiaires : il les égalerait en hauteur, si derrière la Turquie n'apparaissait pas le fantôme effrayant du géant du Nord. Puis donc qu'il s'agit d'union du continent, on peut compter sur l'Angleterre. Celle qui s'est opposée si constament à Louis XIV, à Napoléon, sera toujours dressée contre la Russie; toujours ses yeux seront attachés sur elle, toujours les nerfs de sa puissance seront tendus contre elle. La liberté du continent est un besoin de l'Angleterre ; la Russie menace cette liberté, par-là même l'Angleterre est son ennemie. Une classe

de politiques a long-temps recommandé à
l'Angleterre la fuite des *connexions conti-*
nentales. Hommes à courtes vues, à quoi
songiez-vous? Que serait devenue l'Angleterre avec le continent possédé ou soumis
par Napoléon? Où aurait-elle placé ses
comptoirs, déposé les produits de ses ate-
liers? Ne voyez-vous pas, depuis Hambourg
jusqu'à Venise, s'élever les chantiers où se
préparaient les instrumens de la rupture
de votre sceptre maritime? L'Escaut, des
profondeurs de son sein, eût vomi dans la
Tamise des escadres qui eussent renouvelé
pour vous les affronts que vous reçûtes de
Tromp et de de With. Le bon sens de votre
pays a repoussé vos cris : votre opposition
les proférait pour embarrasser le ministère;
et Fox, celui qui disait au consul Camba-
cérès, *L'Angleterre, monsieur, l'Angle-*

terre, c'est le monde ! s'il eût été ministre, en renonçant aux connexions continentales, Fox aurait craint d'exiler sa patrie de ce même monde, dont il la représentait comme un si grande partie [1].

---

[1] En m'exprimant ainsi sur le compte de l'Angleterre, je ne me dissimule pas à moi-même l'espèce des contradictions auxquelles je m'expose ; *il est Anglais,* vont dire des hommes qui regardent comme du bon air et d'un mérite patriotique de ne parler de l'Angleterre qu'avec mépris ou réprobation ; il est commun chez beaucoup d'hommes de dire, en parlant des Anglais, c'est un peuple mercantile, uniquement occupé de ses intérêts, toujours porté à l'intrigue et à la violence ; c'est sur ces données qu'ils jugent tout ce que fait l'Angleterre. Depuis quelque temps, l'usage est d'insulter le chef de la nouvelle administration anglaise. Les locutions bizarres, *il est Anglais, il est Russe,* adoptées depuis vingt-cinq ans pour quelques hommes, répondent à tout. M. de Ségur rapporte, dans son Histoire de la

Encore plus que l'Angleterre, la France est adhérente au corps de l'Europe et ne

---

campagne de Russie, que Napoléon répondait aux observations du duc de Vicence sur les difficultés de cette guerre, *en voilà un qui est Russe!* Eh bien, je suis Anglais comme M. de Vicence était Russe. J'apprécie, d'après les faits et ma raison, la ligne de conduite présente et à venir de l'Angleterre; j'appuie mon jugement sur la nature des choses, et, dans celle-ci, il n'y a ni Anglais, ni Français, ni Russe; en tout, je cherche la raison et la justice, et ne ressens d'aversion que contre le mauvais esprit et les mauvaises intentions. Que l'Angleterre devienne injuste envers la France, et l'on verra si je suis Anglais. Dans cet écrit, je ne suis pas ennemi de la Russie, je ne suis qu'ami de l'Europe; je vois les dangers dont la menace la force démesurée, incalculable de la Russie; j'en cherche le remède, car je suis Européen; je l'indique en même temps que le mal, et voilà tout. Dira-t-on pour cela que je suis anti-Russe. Que la Russie soit provoquée injustement, et l'on verra si je suis anti-Russe. C'est d'après ces antipathies

peut en être détachée : elle y tient par ses
intérêts politiques autant que par l'adhé-

---

irréfléchies, et dont souvent on voit même tirer
vanité, qu'a été jugée la conduite de l'Angleterre
en Portugal, comme les résolutions relatives aux
blocus qu'elle a reconnus ; tandis que l'Angleterre
ne s'est pas écartée de ce qu'elle avait annoncé en
envoyant un corps de troupes en Portugal ; alors,
elle dit : *Je ne me mêlerai pas de la question in-
térieure ; mais si l'Espagne attaque le Portugal,
d'après mes traités avec lui, je m'y opposerai.*
Si les *constitutionnels* portugais, qui d'ailleurs n'ont
fait que des maladresses qui les ont perdus,
comme ceux de Naples et d'Espagne, ont conçu
d'autres idées d'après la présence des troupes
anglaises, ils ne peuvent imputer qu'à eux-mêmes
les résultats de leurs illusions. M. Canning avait
parlé assez clairement pour qu'ils se tinssent pour
avertis ; aucun homme de bon sens ne s'y est
trompé. Dans cette circonstance, l'Angleterre a
tenu à l'observation d'un principe bien supérieur
à l'issue de l'affaire privée du Portugal, celui de la
non-intervention dans les affaires intérieures des

rence matérielle... Il est bien à désirer que
tout ce qui se mêle de la direction de ce

autres nations, principe qu'elle avait établi dans
la question de l'Amérique et dans celle d'Espagne,
principe qui eût sauvé l'Espagne, principe qui
eût sauvé à la France les centaines de millions que
lui a coûté son intervention infortunée dans les
affaires de ce triste pays. D'ailleurs a-t-on calculé
qu'une guerre, faite par l'Angleterre à l'Espagne,
pouvait la commettre avec la France? A cette
époque, le gouvernement de l'Espagne était en
grande faveur parmi nos gouvernans. On se
souvient des cris que jeta le parti représenté par
la majorité de la chambre septennale, et comment elle appelait aux armes. Le ministre anglais,
en se tenant à la lettre et dans les limites de son
traité, faisait donc une chose très-sage et très-con-
servatrice de la paix générale de l'Europe. Il eût
été fort heureux de sauver les institutions por-
tugaises; mais fallait-il acheter cet avantage au
prix d'une guerre peut-être générale, et du sa-
crifice d'un principe aussi important pour l'ordre
social que l'est celui de la non-intervention dans

pays, entende bien sa situation réelle, ne
la subordonne pas à des souvenirs plus ou

---

les affaires intérieures des pays étrangers ? L'indépendance est le principe conservateur de l'existence de ceux-ci, et quel que parfaites que fussent
des institutions, par cela même qu'elles seraient
données par une main étrangère, elles devraient
être rejetées. Quant aux blocus reconnus par
l'Angleterre, on transporte la question du droit
à un homme. De ce que don Miguel est un usur-
pateur, on a conclu que l'on devait méconnaître
le blocus. C'était intervenir directement dans les
affaires du Portugal, et méconnaître le principe
général du droit de blocus ; celui-ci consiste dans
l'efficacité d'interdire l'accès d'un lieu par la
présence d'une force suffisante pour l'empêcher.
Par-là on prévient les blocus indéfinis, les blocus sur le papier, d'après lesquels, sans y avoir un
vaisseau, on déclarait tout un littoral en état de
blocus. On a demandé l'effectif du blocus sans
remonter à la cause qui le produit ; car la recherche de celle-ci rendrait juge entre les deux partis,
et conduirait jusqu'à interdire à des partis la fa-

7

moins anciens, plus ou moins pénibles, à
des sentimens exaltés, de quelque nature
qu'ils puissent être, ou de quelque source
qu'ils puissent découler; ici il s'agit du
positif, et de l'avenir : le passé n'est plus ;
il se perd dans un ordre entièrement nouveau, c'est à celui-ci qu'il faut pourvoir,
par conséquent, c'est à lui seul qu'il faut
songer [1].

---

culté de se diviser et de se combattre, chose absurde, et capable de blesser chacun à son tour.
J'espère qu'on ne me soupçonnera pas d'aucune
affection pour ou contre tel ou tel membre du
cabinet anglais. Je n'ai et n'aurai jamais de relation avec lui; j'apprécie leurs actes d'après le
droit et ma raison. Si je m'égare, qu'on me le
montre; la vérité démontrée ne me trouvera
jamais rebelle.

[1] En prononçant ces paroles, j'éprouve autant
d'affliction que pourront en ressentir ceux qui les

L'état politique de la France, en définitive, est celui-ci, *ne pouvoir rien gagner,*

---

liront. Je n'ai pas fait le destin, je ne sais que
révéler ses arrêts. Le vrai service à rendre à la
France n'est pas de nourrir ses regrets, ou de la
porter à de dangereuses espérances, mais il consiste à lui faire accepter ce qui ne peut être changé. Les cupidités allemandes qui, en 1815, aspi-
raient aux dépouilles de la France, ne sont pas
éteintes; on les retrouverait toutes, si on leur
donnait quelque prétexte pour se remontrer. Aussi
n'est-ce pas sans éprouver un sentiment pénible,
que l'on rencontre des écrits qui exposent des
plans de transvasement d'états pour arriver à
conclure, en faveur de la France, à la réintégra-
tion dans ses limites naturelles. On ne peut pas
rendre un plus mauvais service à la France, que
de se livrer à l'inconsidération de pareilles publications. Le patriotisme, séparé de la prudence,
peut devenir bien dommageable.

C'est avec le même discernement que d'autres
écrivains, parlant souvent *des mécontentemens de
la Pologne, des esclaves frémissans de l'Italie,*

7.

ni rien perdre : c'est un état fixé ; plus de
Belgique, plus de ligne du Rhin, plus de

---

*des fermens existant encore dans l'armée russe
contre le souverain actuel; on les voit travailler
à démontrer à la Russie et à l'Autriche l'intérêt qu'elles ont à se démettre de la possession
de la Pologne et de l'Italie.* Quelquefois des
correspondances particulières sont un tissu d'in-
sultes contre le chef du cabinet autrichien; on lui
attribue la direction complète de la conduite tenue
par don Miguel, et, se démentant lui-même quelques lignes plus bas, celui qui publie avec le ton
de la certitude ces imputations, cite une autre
correspondance, d'après laquelle l'empereur d'Autriche a renvoyé à don Miguel, sans les décache-
ter, les lettres qu'il lui avait adressées, suivant en
cela l'exemple des autres souverains qui ont fait
le même état des lettres de cet homme, rejeté
par la souveraineté européenne. De bonne foi,
où veut-on arriver avec cette direction, et quelle
utilité en retireront la France et le corps politique de l'Europe?... et hors de ces intérêts, à quoi
bon écrire ?

Piémont; tout cela a été, mais ne peut plus être; les regrets sont superflus sans le pouvoir, et ridicules vis-à-vis de l'impossible; la raison conduit à la résignation, et y place des consolations. Toute démonstration ambitieuse de la part de la France rencontrerait une opposition générale, et l'exposerait à perdre plus qu'elle ne pourrait gagner; cela peut être triste, contrariant, mais l'Europe est constituée de manière à rendre ce résultat inévitable; il faut le dire, en s'exposant même aux contradictions, parce qu'elles ne doivent pas arrêter, lorsqu'il s'agit de servir... Nous le répétons, tel est l'état de la France, par rapport aux puissances de l'Europe; la géographie est toute en protection pour la France à l'égard de la Russie! Elle ne peut donc nourrir aucune inimitié, aucune prévention contre elle; aucune crainte n'arrête l'essor de son action, ou n'influe sur son jugement; il n'est point de position plus favorable pour bien asseoir le choix d'une action; la France est donc en mesure de ne céder qu'aux motifs les plus propres à frapper une raison dégagée de toute influence étrangère, affranchie de tout ce qui peut la troubler... Or, quel intérêt plus grand, plus sensible, plus immédiat peut l'affecter, que celui de la liberté du continent, et celui de son maintien contre la puissance qui réunit les propriétés propres à la menacer?... Comment la France resterait-elle étrangère et comme impassible à ce qui émeut si vivement l'Angleterre? Dans son isolement, l'Angleterre peut attendre plus long-temps que ne le peut la France. Elle fait partie du continent; elle en ressent les mouve-

mens, elle doit donc en partager les charges;
elle ne doit pas seulement offrir son appui,
elle doit aller jusqu'à violenter pour le faire
accepter, car elle ressentirait les effets d'un
refus qui ne pourrait manquer d'avoir des
suites désastreuses! Dès que la Russie pa-
raîtra d'un côté, la France doit se montrer
de l'autre; par sa présence, qu'elle raffer-
misse les faibles, rassure les timides, élève
les forts à l'égalité, ou même à la supériorité contre l'ennemi commun; qu'elle porte
partout la lumière et la vie, qu'elle infuse,
pour ainsi dire, son âme à tous; tel est le
rôle que les circonstances ont créé pour la
France, rôle frappant d'évidence par sa
clarté, rôle de gloire et de lumière, rôle
de sûreté pour elle comme pour les
autres, et qui fait de la France la réserve
de l'occident de l'Europe, contre toutes les

attaques de l'orient...: La France est l'arrière-garde de l'occident européen, comme la Prusse et l'Autriche en sont les avant-postes; c'est à la France à proclamer la nécessité de ce grand système fédératif de l'occident, dans un but défensif; qu'elle ne se laisse pas prévenir dans cette honorable carrière par l'Angleterre; il y va de sa considération politique. Déjà l'Angleterre en a pris l'initiative par son rapprochement avec l'Autriche; des cœurs vraiment français en éprouvent de la tristesse. Ce serait attirer la France vers une grande erreur, que de lui persuader que la sagesse consiste à regarder faire, à se ménager pour placer son action au moment de la fatigue ressentie par les contendans; déplorable politique que celle-là, maigre héritage des temps passés! Un grand état n'est pas fait pour se

borner à regarder, à attendre, sa place est
à la tête de tout et dans l'initiative ; quand
l'Autriche sera affaiblie, arrivera-t-on à
temps, en paraissant à la fin de la lutte ?
Il ne faut pas songer seulement à terminer
les luttes, il faut les empêcher de naître !
C'est ce que produit la vue d'un grand pouvoir, toujours dressé contre qui veut troubler... La France est désirablement partagée pour remplir ce beau rôle, et hors de
lui, on ne voit plus quel emploi elle peut
trouver pour son état militaire ; car, dans
l'état actuel du monde, n'ayant rien à gagner nulle part, ne pouvant pas perdre,
une armée de 240,000 hommes excède
évidemment ses besoins, et grève ses finances d'une charge sans compensations...
Au contraire, dans le système que nous ex-
posons, la force disponible de la France

équivaut à la dignité du rôle qu'elle remplit, et son utilité forme le dédommagement des sacrifices qu'elle s'impose.

De ces considérations sur le système général que les circonstances commandent à l'occident de l'Europe, passons au fait particulier de la guerre qui a lieu en orient... On ne peut les séparer; ici se présentent plusieurs questions, et, pour les résoudre, il faut poser quelques principes :

1°. Une barrière est nécessaire du côté du midi oriental de l'Europe; voilà qui est certain; mais qu'elle sera-t-elle? Sera-ce la Turquie ou le nouvel état de la Grèce? Quel que soit le choix entre les deux, il faut toujours revenir au besoin d'une barrière et la déterminer; mais qui doit guider ce choix? Ce qui peut le mieux satisfaire au besoin de cette barrière, ce qui est le

plus capable de la consolider. Là, deux choses sont à observer : 1°. la résistance que
la Turquie opposera à la Russie, et l'état
dans lequel la guerre la laissera; 2°. l'ap-
titude réciproque des deux états à avancer
en civilisation, principe efficient de la force
des états. Si, dans la lutte que la Turquie soutient contre la Russie, la première montre
courage, force et habileté, il faut la garder,
elle pourra remplir la destination désirée;
si, au contraire, elle est brisée dans le choc,
si elle tombe dans toutes les fautes qu'en-
gendre l'incivilisation, il faut l'abandon-
ner, s'en séparer, car elle ne peut plus
servir, elle est incurable par sa barbarie innée; il faut lui chercher un remplaçant qui,
exempt des mêmes vices, pourra rendre
les services qu'on attendrait d'elle vaine-
ment. L'Europe ne tardera pas long-temps

à savoir à quoi s'en tenir, car l'épreuve se
fait dans ce moment. Il faut voir si les Turcs
soutiendront le début qui a étonné tout le
monde, trompé les calculs que l'expérience
autorisait à former contre eux, ou s'ils ont
dû la faculté de se montrer moins défavo-
rablement, à des calculs erronés faits par
leurs ennemis. On doit s'attendre que,
mieux avisés, ceux-ci, dans la campagne
prochaine, déploieront une masse de
forces, dont au début de la guerre ils auraient cru l'emploi superflu.

Voilà donc un premier point fixé, celui
de la nécessité d'une barrière. La conséquence nécessaire est donc le soutien de
cette barrière, si par elle-même elle se
trouve trop faible contre son puissant as-
saillant; ainsi, dans le cas où la voie serait
fermée à toute négociation, par l'exaspéra-

tion des deux contendans, ou bien, si le
succès ne couronnait pas les efforts des né-
gociateurs; dans ce cas, dis-je, quel parti
prendre? Se borner à regarder et à juger
des coups? Mais, si la Russie prévaut, que
devient la barrière? Remettre à intervenir, quand la supériorité des armes russes
serait trop marquée? Mais alors le vainqueur sera-t-il plus traitable? Mais dès aujourd'hui, l'inégalité des armes n'est-elle
pas évidente? Qui vaut le mieux, demander
de sortir de Constantinople, ou bien empêcher d'y aller? Mais, comment en barrer
le chemin? Il faut le dire; par l'opposition
la plus ferme et la plus virile... Ici point
d'hésitation, point de tâtonnemens; mais
franchise et vigueur, appel aux intérêts généraux de l'Europe... La Russie a dit : *Je
demanderai des indemnités pour les frais*

*de la guerre, et je ferai garantir la liberté
du commerce de la mer Noire...* L'Angleterre a demandé ce qu'on entendait par
ces paroles; la réponse n'a pas été faite...
Mais les choses répondent, que les indemnités devront exister en proportion des
frais de la guerre, et que plus, par la
guerre, le commerce aura souffert, plus on
sera exigeant pour les garanties qui lui
sont promises. Ici se découvre donc un horizon sans bornes, et la plus simple prudence ne commande-t-elle pas de se placer
à son entrée plutôt qu'à son extrémité?
Dans cette étrange querelle, vont se montrer trois choses : 1°. l'imbroglio résultant
du traité du 6 juillet, d'après lequel les alliés de la Morée peuvent être ennemis sur
le Danube, et alliés sur le Danube de celui
qu'ils combattent en Morée. 2°. La diffi-

culté de la question de la possession des Dardanelles, question toute neuve, et qu'ont amenée les immenses accroissemens de la Russie vers le midi, et les progrès de la civilisation dans cet empire; ces deux principes se réunissent pour forcer en quelque manière le passage de ce détroit, qui est le seul chemin vers la Méditerranée. La liberté de ce passage importe au reste de l'Europe autant qu'à la Russie elle-même; car, il est bien évident que la mer Noire va devenir le siége d'un commerce toujours croissant; par conséquent, les routes qui doivent y conduire ne sauraient être trop libres; mais c'est pour trouver et assurer le moyen de cette liberté, qu'il y aura à travailler plus laborieusement peut-être que fructueusement. 3°. La tendance du siége de l'empire russe à descendre du nord

au midi; il faut être près de ses affaires, et
celles de la Russie ne sont plus au nord;
elles ont passé au midi; d'immenses dis-
tances rendent les déplacemens pénibles [1]

---

[1] Témoins les voyages à travers toute la Russie,
de l'empereur Alexandre et de son épouse à Ta-
ganrok, tous les deux morts dans ces contrées;
le voyage de l'empereur Nicolas et de sa femme
à Odessa et à Varna (tout âge n'admet pas également les longs déplacemens); le temps mis par la
garde impériale pour venir de Pétersbourg à Varna;
le déplacement des chancelleries ministérielles.
Il y a des choses qu'on ne voit qu'une fois; parce
que Napoléon combattait, administrait, faisait
tout, veillait à tout en voyageant; on ne peut
pas faire de même en Russie. La civilisation des
pays que parcourait habituellement Napoléon,
offrait mille moyens qui manquent à la Russie;
et quand il se fut enfoncé dans les glaces du nord,
pendant vingt-huit jours de silence de sa part, que
se passait-il à Paris ? Les vastes états ont de grands
inconvéniens; mais combien ne s'accroissent-ils pas,

pour les hommes, dispendieux pour l'état,
incommodes pour les subordonnés, affai-
blissent la surveillance, et sont, dans la
conduite des affaires, la source d'une foule
d'inconvéniens; la fréquentation des climats méridionaux, la familiarité avec leurs
productions, feront ressentir plus péniblement l'âpreté et la stérilité du ciel et de
la terre du septentrion; la Newa a trouvé

---

lorsque la capitale est excentrique à l'empire et
au foyer de ses affaires!

L'événement du général Mallet donne la juste
mesure de l'opportunité des plans d'après lesquels
Napoléon aurait pu et dû prendre des quartiers
d'hiver en Russie. Il savait bien que son pouvoir
était à Paris; aussi est-il revenu de la Russie,
comme il était revenu de l'Égypte. S'il fût resté
en Russie, six mois après y aurait-il eu des ba-
tailles de Lutzen et de Bautzen qui le ramenè-
rent jusqu'à l'Oder?

des rivaux dans les fleuves qui, de toutes
les parties de la Russie, affluent vers la mer
Noire... Le principe de ce grand déplacement, caché sous les anciennes relations
politiques de la Russie, va se révéler par
les nouvelles qu'ont créées les pas qu'elle a
faits vers le midi et dans la civilisation.

Si l'empire turc périt en Europe, il ne
périra point pour cela en Asie; ce dernier
pays est le siége principal de sa puissance;
car on ne compte en Europe que *deux millions de Turcs et sept millions huit cent
mille hommes de populations* mêlées;
tandis qu'en Asie se trouvent *cinq millions
de Turcs et six millions d'autres populations*. On voit par-là que, si l'on se déci-
dait pour la fondation d'un empire grec en
Europe, on y trouverait un premier fonds
de population de huit à neuf millions

d'hommes, qu'un gouvernement éclairé et la civilisation ne pourraient manquer d'accroître rapidement. D'après ce plan, on aurait deux barrières contre la Russie, une en Asie et l'autre en Europe ; et ce partage serait fort bien approprié au nouvel état de cette contrée, depuis que les conquêtes récentes de la Russie sur la Perse ont porté cet empire beaucoup au-delà du Caucase, et lui ont livré le littoral occidental de la mer Caspienne.

Mais tout cela appartient au domaine des futurs contingens, dont la direction des cabinets peut seule décider : deux choses seulement sont certaines et fixes jusqu'à ce jour : 1°. l'absolue nécessité de l'union des membres du corps de l'Europe occidentale; 2°. en cas d'opposition à la Russie dans la guerre actuelle, en cas de négociations pour empê-

8.

cher la ruine de l'empire ottoman, le besoin de la célérité, de la vigueur, de l'opposition la plus formelle. L'occident de l'Europe doit faire son choix et dire : Je veux
la Turquie ou la Grèce : ici point de partage, point de demi-mesures : l'Angleterre,
l'Autriche, la France, doivent se montrer
formant un faisceau indissoluble pour la
préservation de l'Europe : une opposition
partielle, par exemple, celle de l'Autriche
seule, est plus propre à irriter la Russie qu'à
l'intimider; celle-ci, dans ce cas, pourrait
trouver des alliances; mais elles ne se formeront pas, si ces trois grands pouvoirs se
montrent à la fois. Les cabinets, avec juste
raison, veulent le maintien de la paix ; cette
opposition unanime peut seule la maintenir;
une querelle particulière ne porte pas aux
mêmes réflexions, qu'une conflagration gé-

nérale; la vue d'un tel incendie peut arrêter
beaucoup de choses; la Prusse qui, en dé-
viant de la ligne de conduite que tout lui con-
seille de suivre, pourrait s'opposer à l'Autriche, en aide de la Russie, y regarderait
à deux fois, si elle voyait la France dressée
de son côté en aide de l'Autriche; la France
et l'Autriche réunies à l'Angleterre, pourraient amener avec elles, la Bavière, le
Wurtemberg et le Piémont; la Russie se
trouverait alors vis-à-vis d'une opposition
capable de la contenir. Mais, je le répète,
ce préservatif ne peut se trouver que dans
le concert immédiat, et fortement prononcé
des grandes puissances; alors l'Europe
éclairée leur applaudira; si elles agissent divisément, elles le feront sans efficacité pour
l'objet qu'elles ont en vue et avec dommages
pour elles-mêmes; l'opinion de l'Europe

les délaissera; les peuples ne ressentiront
pas ce que leurs chefs n'auront pas senti les
premiers; les peuples accueilleront très-bien
un langage de sûreté générale et de préservation que leurs chefs leur feront entendre;
les peuples ne se refusent jamais à un intérêt rendu sensible; la Russie apprendra
qu'elle peut trouver des barrières et une répression. Il n'est pas d'autre moyen de lui
persuader de la modération dans l'exercice
de son pouvoir; une opposition mal concer-
tée n'est propre qu'à lui montrer qu'elle
peut s'en affranchir. L'occident de l'Europe
est menacé, c'est à lui de veiller pour lui-
même, et à s'appliquer la formule de Rome
aux jours de danger, *videant consules, ne*
quid detrimenti respublica capiat.

De cette revue de la carrière politique
parcourue en Europe depuis 1814, passons

à celle de la marche qu'ont suivie ses libertés publiques. Celles-ci ont aussi formé un
objet principal de l'occupation des cabinets... Voyons de nouveau le point d'où
l'on est parti, la route que l'on a parcourue,
et le but qui a été atteint.

SECONDE PARTIE.

Ici ma tâche devient plus laborieuse, et surtout plus épineuse. Tout à l'heure, je cherchais à tout voir et à dire tout ce que je voyais ; maintenant j'ai à tempérer l'expression et l'impression de ce que j'ai vu , et de ce que je puis voir encore. Pour juger les faits matériels , il ne faut pour ainsi dire que des yeux ; leur partie visible conduit à la connaissance de celle qui ne l'est pas ; mais des observations, des soins attentifs , sont requis pour suivre et assigner la marche d'une direction , qui souvent ne se révèle que par ses effets :

il faut pénétrer dans l'intérieur d'une action, dont le secret, souvent couvert de
voiles étendus par l'intérêt, a de plus été
placé sous la protection du silence. Il faut
interroger ce silence même, et le faire parler, sans indiscrétions imputables. Telle
est la différence qui existe entre les deux
parties de cet ouvrage, différence dont
je ressens tout le poids; car la première
n'est que le tableau de l'Europe politique
depuis 1814, qu'on peut n'avoir pas beaucoup d'intérêt à déguiser, au lieu que la
seconde renferme celui de l'Europe sociale
depuis la même époque, tableau que l'on
peut croire avoir des raisons de cacher.
Mais, pour que ce tableau ait de la vérité
et de l'utilité, et celle-ci ne se sépare jamais
de la première, j'ai besoin de remonter
un peu haut. Les événemens de la politi-

que simple, ordinaire, peuvent n'avoir
pas de précédens lointains, et, pour ainsi
dire, d'ancêtres ; au lieu que les événemens
de la sociabilité ne peuvent en manquer.
Chez eux, comme dans les grands ouvrages
de la nature, tout se fait par transition ;
si, dans l'ordre physique, les saisons s'en-
chaînent et se succèdent par une gradation
continue, si le fruit sort insensiblement de
l'enveloppe fleurie sous laquelle reposait
son germe ; si l'homme consomme un
long cours d'années dans le passage de
l'enfance à la virilité, de même la sociabilité humaine, c'est-à-dire les principes et
leur application à l'ordre social, a eu
comme son enfance, et n'est parvenue à
son plein développement, qu'à l'aide du
temps et de la consommation de beaucoup
de siècles et de générations. Je me borne à

indiquer ses progrès et ses phases diverses
en Europe.

Quatre époques principales se font remarquer dans l'histoire de la civilisation
de cette contrée :

1°. Les temps de l'esclavage domestique,
presque toujours suivi de l'esclavage politique ;

2°. Le régime égalitaire apporté par les
barbares, régime d'après lequel les vainqueurs, égaux entre eux, se partageaient
la domination sur les vaincus, qu'ils atta-
chèrent à la glèbe, en permutant l'ancien
esclavage contre le vasselage : de ce régime
naquit le gouvernement féodal ;

3°. L'aurore de la civilisation entrée
dans le monde avec les grandes découvertes
du seizième siècle, et les commotions re-
ligieuses de cette époque ;

4°. Le développement complet de la civilisation sociale produit par la révolution française.

La loi générale de l'esclavage n'admet pas la sociabilité humaine ; au contraire, elle en est le tombeau ; esclave et sociétaire sont deux mots qui s'excluent mutuellement ; le libre consentement de la volonté pour s'unir, l'avantage réciproque des sociétaires, sont le principe et le but de toute association ; cela ne se trouve pas entre le maître et l'esclave, la volonté de celui-ci est contraire à sa condition ; car, par le penchant indéfectible qu'il tient de la nature, il tend continuement vers la liberté. Tant qu'a duré la loi générale de l'esclavage, on peut dire que la sociabilité humaine n'a pas existé ; le nom même de son principe, qui est la liberté et l'égalité, ne pou-

vait pas être prononcé ; car en tous lieux,
en tout temps, sur le Tibre, comme sous
les tropiques, il a fait et il fera uniformément des Spartacus et des Toussaint-Lou-
verture ; qui ne rompt pas sa chaîne quand
il en a la faculté? Aussi, les contrées les
plus réputées par leur sagesse, les mères des
codes, des sciences et des arts pour toutes
les autres, n'ont-elles pas connu la véritable
sociabilité : elles admettaient l'esclavage.
Pour porter les premiers coups à celui-ci, il
fallait que le Nord s'ébranlât : comme ces
volcans qui déchargent au loin les feux qui
brûlent leurs entrailles, remuées dans leurs
fondemens, les régions du septentrion vo-
missent à pleins flots les peuplades qu'elles
recélaient et qui les surchargaient ; diverses
de formes, de langages, de mœurs, de cultes,
semblables seulement et égalitaires en igno-

rance et en barbarie, car tout ce qui est
ignorant est barbare, elles apportent, avec
elles, une liberté sauvage résultant de l'indépendance d'individu à individu, de l'absence
de liens entre eux; chez ces hommes nouveaux, tout provient de la volonté; aucun
ne se doit à aucun, les chefs sont le résultat d'un choix commun; communs sont le
conseil, le combat, le butin; l'égalité, la
liberté sont pour tous les vainqueurs, la
servitude est reléguée parmi les vaincus,
comme indignes des premiers; et de cette
servitude même, ces hommes, imprégnés
d'idées d'égalité, ne veulent que la partie
utile, ils se réservent le travail du serf,
et le délient pour tout le reste; l'homme
reste attaché à la glèbe, mais son esclavage
personnel finit... Ce changement fut la
suite nécessaire de l'état de pasteur qui

était celui de ces hommes vivant dans des
climats de glace, et de leur état d'hommes
d'armes; on ne manie pas à la fois l'épée
et la charrue, et ces peuples guerriers étaient
aussi peu familiarisés avec l'usage de la
seconde, qu'habitués à celui de la première;
la culture rabaissait leur condition ; ils y
appliquèrent les vaincus ; leurs penchans
se sont transmis à tout ce qui, dans les états
modernes , a formé les premières classes,
abandonnant comme au-dessous d'elles le
travail et l'industrie aux classes inférieures,
pour se réserver exclusivement le maniement des armes... De là naquit la féodalité;
telle a été la transition de l'esclavage personnel à la vassalité ; celle-ci ne faisait encore qu'abaisser la barrière par laquelle
l'ancien esclavage séparait les hommes de la
sociabilité véritable; ils y tendaient par

leur nature; ils allaient y entrer, mais après
avoir parcouru le long espace, qui sépare
l'établissement de la féodalité et son règne,
de l'introduction de la réformation sociale,
qui enfin éclata au seizième siècle. Il est
curieux de suivre l'enchaînement des causes
avec leurs effets. Parmi ces barbares, chacun se saisit de tout ce qu'il put s'approprier; de là cette foule de souverainetés,
entre lesquelles chaque pays se trouva partagé, il est vrai, avec des conditions et sous
des titres divers, mais toujours, sous une
loi générale de liberté et d'égalité, au titre
principal, celui de la souveraineté : ce qui
existait entre ces souverains, descendit dans
le fond des nations; chacun y resta libre
et indépendant vis-à-vis des chefs; de là
ces champs de mars et de mai, ces états
qui, en chaque contrée, partageaient le pou-

voir avec le prince, les privilèges du clergé,
de la noblesse, les assistances du peuple,
les noms d'aides et de subsides, donnés
aux moyens de pourvoir aux besoins pu-
blics, tous monumens de liberté et d'égalité entre les chefs et les peuples. Dans
quelques parties de l'Europe, telles que
la Hongrie et l'Espagne, cette liberté s'était
revêtue de formes âpres et sauvages; assujetti à plus de convenances, ailleurs, le
partage du pouvoir n'en avait pas moins
lieu; une femme célèbre a dit avec raison [1],
*qu'en Europe, le droit d'aînesse appar-
tenait à la liberté, et non pas au despotisme.* Il était inévitable que des hommes,
qui passaient leur vie sous les armes, n'eussent besoin de la classe assujettie ; le besoin

---

[1] Mme. de Staël.

crée la dépendance ; les vassaux devinrent plus libres à mesure qu'ils se sentirent plus nécessaires. De plus, il était inévitable que la guerre consommatrice et l'oisiveté stérile ne créassent de fréquens besoins pour tous ces hommes d'armes ; pour y satisfaire, ils *vendirent de la liberté.*

Mais il n'était pas moins inévitable, qu'entre tous ces égalitaires en titres, il ne se rencontrât des inégalités réelles sous les rapports de la puissance, inégalités qui portaient le faible à rechercher l'appui du fort, qui le faisait acheter par des cessions ; celles-ci, en réduisant les petites souverainetés, tournaient au profit de la liberté générale ; enfin, il était indispensable que, dans le tumulte causé par ces chefs secondaires, le plus puissant ne prévalût sur les autres, et ne grandît son pouvoir propre au nom

9.

même de l'intérêt de tous... Alors, les rois
de France affranchirent les communes, coup
mortel porté à la féodalité; ils affranchirent
le peuple pour s'affranchir eux-mêmes,
par son bras, d'une foule de compétiteurs
turbulens, avec lesquels il y avait sans cesse
à compter. En vérité, on sent comme descendre de sa hauteur actuelle ce grand
trône de France, quand un roi de la troisième race doit se rencontrer avec un sieur
du Puget, seigneur de Montlhéri. Certes, ce.
n'étaient pas des esclaves que les hommes
qui avaient imposé les *pacta conventa* aux
monarques polonais, qui avaient fait accepter le droit d'insurrection aux souverains de la Hongrie, et le serment d'Ar-
ragon aux rois d'Espagne. Toute origine
est petite, souvent celle des plus grands
fleuves est imperceptible.

Voir et juger, voilà tout l'homme : son œil cherche des objets sur lesquels il puisse se reposer, qu'il puisse mesurer et apprécier. Chez lui, le rayon visuel fait l'office d'une main qui tourne en tous sens les objets, pour en fixer justement les proportions ; à son tour, l'esprit fait la même opération, et compare les objets entre eux pour tirer de leurs rapports leur juste appréciation. Mais, quand les objets sont bornés en nombre et en étendue, sur quoi la vue s'exerce-t-elle, et le jugement porte-t-il ses arrêts? Ici la pauvreté devient mère de l'ignorance et de l'erreur. Mais agrandissez cet horizon, mettez en présence des nations qui s'ignoraient, créez des instrumens à la fois propagateurs et conservateurs de tout fait, de tout art et de toute pensée; retirez l'esprit humain de l'enseignement propre

à le fausser; rendez-le à sa liberté native,
et vous allez voir comme il courra dans
cette carrière nouvelle, aussi dégoûté de ce
qu'il laisse derrière lui, qu'étonné et avide
de ce qu'il voit devant lui. Voilà précisé-
ment ce qui advint pour lui au seizième
siècle. Déjà le quinzième lui a légué le plus
précieux des héritages : l'imprimerie est in-
ventée; par elle l'immortalité est assurée à
l'esprit de l'homme, comme par sa nature
elle l'est à son âme. Cet esprit devient indestructible comme elle ; mais il la surpasse
par la faculté qu'il reçoit de cet art nouveau de s'étendre, de se multiplier et de se
fortifier par sa prodigalité même. Au milieu
de son cours, ce même siècle avait vu suc-
comber Constantinople : en chassant devant elle les arts et les sciences, nobles exilés, la barbarie semblait avoir voulu re-

prendre à l'avance ce que l'imprimerie allait lui faire perdre. Dès lors, l'esprit humain essaie en tout genre ses nouvelles forces : il mesure le ciel, lui donne des lois
nouvelles, remet chaque astre à sa place,
rétablit sur son trône inébranlable le roi
majestueux du ciel; et, ramenant la terre à
ses pieds, il lui interdit d'usurper désormais l'immobilité qui n'appartient qu'à lui;
en attendant que, plus tard, il fasse descendre la foudre du sein de la nue qui la recèle, il s'en crée pour lui-même, ministres
bruyans et rapides de ses passions et de ses
intérêts, rivales du tonnerre. Pendant ce
temps, les uns se précipitent par des routes inconnues vers les lieux où l'astre du
jour reprend son cours radieux; d'autres,
attirés par un instinct irrésistible, vont
aborder des rivages dont l'existence même

n'était pas soupçonnée; le monde s'ouvre de
toute part; aucun voile ne couvre plus aucune partie de son enceinte, et l'homme
entre enfin en possession de la totalité de
la demeure que le ciel lui a préparée. Déjà
il avait cessé de demander aux étoiles de le
guider au milieu du labyrinthe des mers;
il avait trouvé un conducteur plus fidèle
dans l'aiguille amante du nord... Sous sa
dictée, le nautonnier affranchi des embûches de l'océan, en mesurant la distance qui
le sépare du pôle, pourra toujours mesurer
celle qui le sépare du port qu'il recherche.
A cette immense impulsion, dont l'effet se
portait principalement sur l'ordre extérieur
du monde, vint se joindre une nouvelle
qui en atteignit l'ordre moral : ce n'était
pas en vain que depuis un demi-siècle les
sciences avaient passé dans l'occident de

l'Europe; jamais la culture de l'esprit humain ne restera sans fruits : dès qu'il connaît, il désire, et dès qu'il veut, il peut; sa droiture naturelle le place en opposition avec l'erreur reconnue, et le porte à la mettre en fuite. C'est ce que l'on vit à cette époque; la raison humaine, épurée, fortifiée, voulut sortir des langes dans lesquelles des autorités de toute nature la retenaient : elle reprit sa direction propre, qu'elle semblait avoir oubliée ou abdiquée. Dès lors les doctrines, qui avaient régné en souveraines absolues, furent interrogées, citées elles-mêmes à répondre ; d'antiques respects s'effacèrent, le doute méthodique détruisit l'enseignement fantastique, et prit son autorité; les droits acquis par le laps du temps furent soumis à l'examen, on leur demanda de montrer leur droit, et, par une double ac-

tion, une réforme dans l'ordre social se plaça
à côté d'une réforme dans l'ordre religieux,
il était bien difficile qu'il en fût autrement;
un grand changement dans le culte ne peut
guère aller tout seul; en atteignant les idées
des hommes, il atteint nécessairement
leurs codes, et ceux-ci sont la représentation
et les images de l'esprit des peuples.

Mais cette grande époque n'était encore
que le laboratoire de la sociabilité; en tout,
l'aurore précède et annonce le jour. Les croi-
sades et la chevalerie n'avaient rien fait
pour elle; la folie n'est pas le chemin de la
raison. Pour arriver à la sociabilité, et la
fonder sur ses vrais principes, l'esprit humain avait besoin de passer par les siècles
littéraires, comme un instrument doit acquérir toute sa force et son poli pour
bien remplir son office; il fallait passer par

Corneille et Racine pour arriver à Voltaire,
à Montesquieu ; les occupations, charmes
de l'esprit, devaient précéder et comme
s'épuiser, avant qu'on entrât dans les occupations graves et profondes qui ont pour
objet les principes, fondemens de la sociabilité. Les siècles littéraires sont les pré-
curseurs nés et naturels des siècles philoso-
phiques ; ces études ont formé le fond des
travaux du dix-huitième siècle. Voltaire
donne le signal, à la fois littérateur et phi-
losophe, et comme participant de la nature des deux siècles qu'il a vus s'éteindre et
naître ; et voilà, qu'accourant à sa voix, Montesquieu, Rousseau, et toute cette grande
école académique, qui, forte de la protection de toutes les muses, et de celle de la
raison, brillante de tout l'éclat du génie,
resplendissante des clartés immortelles que

répandaient sur elle ses chefs glorieux,
parcourt le monde depuis la voûte des cieux
jusqu'aux entrailles de la terre, la société,
depuis ses fondemens jusqu'à ses sommités, arrache *au fait* son autorité, enseigne
aux hommes qu'ils s'appartiennent à eux-
mêmes, que le *droit* est pour eux une propriété commune et incontestable, que la
raison doit régler tous les mouvemens de
la société, comme la tête préside à tous
ceux du corps, et que c'est à elle, vrai pilote des sociétés, qu'il appartient d'en tenir
le gouvernail. Lorsque la raison se montre
ainsi au milieu du cortége éblouissant du génie, lorsqu'elle entre si profondément dans
les intérêts de l'homme, il est impossible
qu'il n'embrasse pas avec ardeur ce qui fa-
vorise si éminemment ses plus chers intérêts;
tous ses sentimens le portent dans la di-

rection de lumières aussi propices ; c'est la voix de la nature qu'il entend, et à laquelle il obéit. La révolution de 1789 trouva l'Europe dans ces dispositions ; *il n'était pas une fibre du cœur humain qui ne fût un lien avec elle* ; là, d'une vue nette et d'une voix ferme et soutenue, furent reconnus et proclamés les vrais principes de la sociabilité ; l'Europe y répondit par ses acclamations, et le monde en tressaillit d'espérances. Les Européens n'avaient fait qu'entrevoir la révolution première de l'Amérique ; trop de distance les séparaient d'elle ; mais ils s'identifièrent avec celle de la France, dont la position centrale, et une espèce de dictature dans les lettres, le langage, les arts et les mœurs, avaient fait le centre et le régulateur de la civilisation ; les principes de 1789 ébranlèrent l'ancien édifice social de l'Eu-

rope, plus encore que la réformation n'avait
ébranlé celui de Rome : là aboutit et fut
consolidée cette grande réformation sociale,
qui, sous des formes diverses, par le progrès naturel de l'esprit humain agissant
lui-même en raison des progrès de sa liberté, descendant du haut des âges, avait
cheminé lentement, mais sûrement, jusqu'au moment marqué pour son enfante-
ment. Il était arrivé; aussi cette révolution
n'est-elle pas un événement privé pour la
France, et renfermé dans son enceinte seule;
elle a une portée beaucoup plus étendue. Une
révolution de principes, surtout sociaux,
n'a pas de limites; *les dynasties de principes* sont éternelles, celles des conquérans
peuvent ne faire que paraître; aussi, bon
gré mal gré, cette révolution, comme disait Gustave III, fera-t-elle le tour du

monde; elle fera la réformation universelle de l'humanité; voyez l'Europe de 1789 et celle de 1828; quelques jours ont suffi, et l'Amérique, rétardataire en civilisation sous le joug de l'Espagne, s'est chargée avec célérité du joug doux et léger de la civilisation; déjà elle envahit un domaine musulman, et pénètre au pied des Pyramides.

Que cette révolution ait été exposée à de vives contrariétés, quoi d'étonnant? Il n'est pas d'usage que le pouvoir se cède sans contestation; dans cette solennelle occasion comme dans beaucoup d'autres, on a vu les intérêts privés regimber contre les intérêts généraux; mais, faible et partielle, cette défense n'a pu arrêter la marche de ceux-ci, et bientôt ils ont effacé et laissé loin derrière eux leurs compétiteurs. Certes, il fallait un grand fonds de lumières et d'amour de l'humanité pour travailler à reporter *le droit* à la place ou *le fait était* en possession de régner; il fallait de la force et du courage, pour entreprendre de faire ainsi rebrousser le monde vers son origine, et lui rendre sa clarté primitive, en déchirant tous les voiles qui le couvraient. Maintenant il est à découvert; les principes sont connus, constatés; les règles de l'architecture sociale sont fixées comme celles de l'architecture purement matérielle; désormais l'erreur n'a pas plus de prise sur l'une que sur l'autre. Avant cette époque, l'ignorance était le principe du malheur, l'homme était une victime involontaire; maintenant quand il souffre, il ne peut plus l'imputer qu'à lui-même, car il connaît à la fois le principe de son mal, le remède, et le droit

qu'il a de le faire appliquer. Aussi, quelles
que soient les couleurs et les injures dont
on ait peint et chargé l'assemblée de 1789,
elle n'en est et n'en sera pas moins le plus
grand bienfait qu'ait reçu l'humanité; c'est
le plus grand effort qu'aient fait les hommes pour leur réhabilitation dans l'ordre
social. Que sont des maux partiels, passa-
gers et locaux, en comparaison de la foule
des biens qui par elle ont été produits, et
étendus à tout l'univers? les plus ardens
déclamateurs contre cette assemblée sont
compris dans les jouissans de ses bienfaits,
et on les voit, pour se défendre, lui em-
prunter ses principes, et s'en faire tour à
tour des épées et des boucliers.

Dans le début, cette révolution ne fut
pas mieux comprise par les grands pouvoirs européens, qu'ensuite elle ne fut

10

combattue par eux : elle rencontra de leur
part plus d'irritation qu'elle ne leur ap-
porta de lumières; accoutumés à l'usage du
glaive matériel, ils méconnurent la nature
et la force de ce pouvoir moral; chez quelques-uns, la colère se changea en dédain;
ils méprisèrent ce qu'ils n'entendaient pas[1];
ils prirent une révolution sociale pour
une de ces émeutes que l'on est assez fort
pour arrêter à son jour, à son heure. Cette

---

[1] Le duc de la Rochefoucault-Liancourd s'empressa de rendre compte à Louis XVI du mouvement produit à Paris le 14 juillet 1789. *C'est
donc une révolte?* dit le roi; *C'est bien plus,
sire,* répondit le duc, *c'est une révolution.* Dans
beaucoup d'autres lieux on dit aussi, *c'est une
révolte; nous châtierons les rebelles.* Souvent il a
fallu compter avec ces rebelles; on en a vus devenir rois.

heure ne devait pas arriver; quand le combat direct s'engagea, ces pouvoirs ne purent
et ne surent pas le soutenir; ils combat-
taient en dehors de l'arène véritable; bientôt en collision entre eux, leurs intérêts ne
purent sympathiser ensemble. L'assemblée
de 1789 fut une tribune, une école d'enseignement social, élevée au milieu de l'Europe, à la face de l'univers. Celle qui la
suivit, ne fit que creuser et charger la mine
destinée à faire voler le trône en éclats;
quand les acteurs naturels cèdent, sur la
scène, la place aux classes qui ne doivent
jamais y monter, le théâtre étale les passions de l'homme dans toute leur énergie;
une intrépidité féroce brave le danger, crée
des armes affreuses, se joue dans le sang,
et de cette fange même, fait quelquefois
jaillir des éclairs de génie et d'héroïsme. La

Convention avait sillonné la France de
traces de feu; le Directoire la tacha des
souillures habituelles chez les ambitions
dépourvues d'élévation. Aurore des grands
jours de l'Empire, le Consulat s'occupa de
rassembler les membres épars de la société
et de recueillir les débris de la sociabilité;
et quand l'édifice parut affermi, on lui
donna pour faîte une couronne qui se brisa
à force de s'étendre. Construit contre les
règles qui donnent la solidité, cet édifice
n'a pu atteindre la durée. Les écussons dans
lesquels le glaive impérial avait découpé
l'Europe, ont survécu seuls à cette couronne, dont ils formaient l'appendice : à la
différence des ruines ordinaires, la colonne
est tombée, et les ornemens sont restés.
Vingt ans de combats avaient pu fatiguer
les bras, épuiser les trésors; mais l'infati-

gable esprit humain, celui qui ne connaît
ni lassitude, ni interdit dans la poursuite
de la vérité une fois connue, pendant que
les forces matérielles s'affaissaient, sentait
la sienne grandir; pendant que les rois
s'humiliaient, les peuples rugissaient; leur
dignité parlait à leurs cœurs, à mesure que
son sentiment baissait ostensiblement dans
leurs chefs; sous la main même qui les dé-
péçait, qui les façonnait, les peuples
criaient aux rois : Rendez-nous la liberté et
nos bras vous la rendront; laissez-nous sortir de l'esclavage, et nous vous ferons sortir
de l'abaissement... Tel a été le contrat sous
lequel l'Allemagne a marché deux fois à
Paris; la nationalité violée se révolta,
comme le plus pénible sentiment que puisse
éprouver l'homme, comme le plus indestructible de ses penchans. On le voit; c'est

elle qui, après six cents ans du plus affreux
esclavage, s'est retrouvée toute vivante dans
la Grèce; c'est elle que, sous un triple cou-
teau, réclame la Pologne, qu'implore l'I-
talie en deuil; c'est elle qui, au premier
choc, a brisé le faisceau hétérogène que
l'épée avait formé avec des mains attirées de
Rome et de Hambourg, pour fraterniser à
Paris sur le même autel... Parmi les hommes, le sang fait les frères; parmi les peuples, c'est la nationalité... Les intérêts matériels de la politique, les guerres, le soin
d'attaquer, de se défendre, de se rétablir,
avaient absorbé l'attention des chefs des
gouvernemens de l'Europe; 1814 les sur-
prit dans cette occupation; là, au sein du
repos, appuyés sur des masses compactes
et obéissantes, ils reprirent haleine, courage, et leur direction primitive et innée

vers le pouvoir, et l'éloignement des peuples à sa participation. Ils avaient accepté le bienfait de leur assistance; il fallait en payer le prix, il était demandé. Là, commença un nouvel ordre de choses; obtempérer à ce vœu par un acquittement large et sincère des promesses faites au jour du besoin, était accepter et préparer l'accroissement de la réformation sociale, et la supériorité du *droit sur le fait*; car tous les gouvernemens de l'Europe viennent *du fait* changé en *droit*; et, à le bien prendre, à regarder au fond des choses, tout le tumulte dont l'Europe retentit depuis 1789, et dont elle retentira pendant des siècles, n'a pas d'autre principe ni d'autre but. La substitution du *droit* au *fait*, la règle indiquée par la nature de l'homme, par sa raison, par les élémens de la société, à la

place des produits du hasard, de la violence des uns, de la faiblesse ou de la cupidité servile des autres; voilà le point fixe
auquel l'Europe rapporte tout, et rappor-
tera tout, jusqu'à la fin. Mais c'était préci-
sément cette question, trop bien comprise
par les gouvernemens, qui allait régler leur
conduite; dès-lors toute leur attention,
tout leur art a été d'éviter la cession deman-
dée, et de reporter les promesses à d'autres
objets que ceux qu'elles avaient dans l'esprit des réclamans; les gouvernemens ont
travaillé avec persévérance, accord dans ce
but, et avec un bonheur trop malheureux
pour les peuples [1].

---

[1] *Extrait de la lettre de M. de Metternich au
comte de Berstett, ministre de Bade.*

(1820).

1°. Le temps avance au milieu des orages; vou-

La lettre du prince de Metternich au comte de Berstett, ministre de Bade, est le monument le plus irréfragable de cette

---

loir arrêter son impétuosité serait un vain effort. De la fermeté, de la modération, de la sagesse, et enfin de l'union, voilà ce qui reste encore à faire.

2°. La marche faible que le ministère français a tenue de 1817 à 1820, la tolérance accordée en Allemagne aux doctrines les plus dangereuses, les abus de la presse, la précipitation avec laquelle on a donné aux états du midi de l'Allemagne des constitutions représentatives, toutes ces causes ont imprimé l'élan le plus funeste.

3°. Le maintien de tout ce qui existe, doit être le premier, comme le plus important de nos soins. Il ne faut dévier d'aucune manière de l'ordre existant de quelque nature qu'il soit.

4°. Une charte n'est pas une constitution proprement dite.

5°. Attention scrupuleuse des gouvernemens sur leur propre administration.

6°. De nos jours, le maintien de tout ce qui

direction ; elle en donne le fil et en montre la marche depuis le principe jusqu'au résultat. Les œuvres des congrès et de la diète germanique de Francfort en découlent et en font foi. Ainsi, en place des institutions réclamées et promises en 1813 et 1814, achetées au prix de tant de sacrifices pour le raffermissement des trônes ébranlés, pour le rétablissement des couronnes tombées, l'Allemagne a eu des états historiques auxquels elle ne songeait guère, et une commission de Mayence qu'elle désirait encore moins. Le plan des

---

existe, est le moyen le plus propre de conserver et peut-être même *de recouvrer ce qui est déjà perdu.*

Notez ces dernières paroles, elles méritent d'être retenues.

gouvernemens a été évidemment celui-ci :
Éviter les difformités, causes légiti-
times de plaintes pour les peuples   en
même temps que d'affaiblissement pour
les gouvernemens, mais garder le pou-
voir ; continuer à partir du fait comme
droit, et non du droit comme principe de
l'ordre social ; car, c'est ce mot de droit
social, qu'à aucun prix, à aucun titre,
le pouvoir ne peut se déterminer à tolérer ;
proscrire, effacer, faire oublier, s'il était
possible, les principes des sociétés, les pré-
senter comme les principes de la destruc-
tion de la société, dont ils font la base et
la force ; leur attribuer tous les maux
qu'ils sont destinés à prévenir et à guérir ;
ne plus frapper les peuples, mais les
endormir, pour en disposer plus facile-
ment. Toute la direction politique de l'Eu-

rope, depuis 1814, est renfermée dans
ce peu de mots. En quelques lieux, le
despotisme s'est montré sous des formes
hideuses; à ces traits on reconnaît l'Espagne. Un attentat antisocial a rejeté Naples dans les fers; on s'est empressé d'é-
teindre le nouveau soleil qui allait répan-
dre sur ce sol des clartés rivales de celles
dont brille son ciel [1]. Le Piémont a subi
une égale oppression. Ce beau royaume,
dans lequel l'Italie se complaisait à voir le
berceau d'une nationalité nouvelle, n'a
fait que servir à grossir le nombre des ca-

---

[1] Nul début n'a égalé celui du parlement de
Naples; les Anglais témoins de son entrée dans
une carrière aussi nouvelle, ne revenaient pas de
leur étonnement; sa perte a été une calamité pour
le pays, pour l'humanité, pour la haute éloquence
tribunitienne, la première de toutes.

sernes allemandes. Dans ces tristes contrées, l'esprit humain condamné à la dégradation, à l'enfance, à l'éternité de la minorité, a été remis à la garde de mille superstitions : on a tenté sur lui, ce que font ces mères sauvages, qui pétrissent la tête de leurs nouveau - nés, pour leur imprimer des formes hideuses ou bizarres. Les prétextes (quand les prétextes manquent-ils?) n'ont pas manqué à cette direction ennemie de la sociabilité. Pour échapper à l'effet de ses propres promesses, pour arrêter un élan bien légitime vers la liberté sociale, on a créé un fantôme de démagogie qui n'existait pas; on a exploité avec ardeur et perfidie les attentats [2]

---

[2] Le crime de Sand, l'attentat sur M. d'Ibel sont des crimes privés, comme celui de Louvel.

de quelques fanatiques, pour en tirer des
inductions et des armes contre les masses,
attentats qu'une conduite conforme au

Ces actes sont le produit de ces grandes commotions qui agitent quelquefois les grandes sociétés.
Après les tempêtes, les rivages se chargent d'é-
cume, mais cette écume n'est pas l'Océan. Quelques
ignorans s'imaginent qu'une grande commotion
ne laissera pas de traces et tombera tout-à-coup
comme par enchantement. Quelques enfans se mas-
quèrent sous le costume de Wittikind : n'y avait-il
pas de quoi incendier une masse froide telle que
l'Allemagne? Il y avait du concert entre les éco-
liers des universités : n'y en avait-il pas entre les
gouvernemens, pour refuser aux peuples ce
qu'ils leur avaient promis? Est-ce donc qu'il y a
quelque chose à attendre des pétitions et des
requêtes, quand il s'agit des droits sociaux? Qu'un
Prussien les réclame, il passera sa vie à Spandau,
avec le docteur Janh; il ferait beau voir ce qui
adviendrait d'un Milanais qui réclamerait les droits
sociaux, d'un Vénitien qui parlerait de la répu-

droit et aux engagemens contractés, eût empêché de naître. Échappés au nau-frage, les gouvernemens se mirent à dis-

---

blique! Ce sont ces dénis de justice, au moyen de la force, qui ont fait ces sociétés secrètes. On crie : elles troublent la société! Otez la cause, elles dis-paraîtront. C'est ce que la commission de Mayence a fort bien établi dans le rapport de ses travaux, travail tout-à-fait inconnu en France, et qui donne les explications les plus importantes sur les grandes conspirations de l'Allemagne. Il s'est trouvé qu'elles ressemblaient à la grande con-spiration *de Louvel, faite par lui tout seul,* comme l'a montré le procès instruit à la Chambre des Pairs. Cependant, c'est sur ce fondement qu'ont roulé les mesures des gouvernemens, et les machinations des ennemis des institutions. Ils savaient bien à quoi s'en tenir; mais ils trou-vaient là une mine abondante de prétextes et d'armes, à l'exploitation de laquelle on s'est livré avec ardeur et succès. L'explication de tout ce qui s'est passé est là, et non ailleurs.

puter avec les ex-voto qu'ils avaient faits;
autant en font les matelots, plus craintifs
que consciencieux; autant en font des em-
prunteurs d'une probité insuffisamment affermie. Voyez les publications de la diète
de Francfort, sur ce que l'on doit entendre
par la promesse de donner des institutions.
Il est évident que les gouvernemens ont
porté leurs concessions vers un autre objet que celui qui était dans l'esprit des
peuples. Quand le souverain de la Prusse,
porté sur les bras de ses sujets, noble et
touchant pavois, remontait sur son trône
arrosé de leur sang et de leur sueur,
était-ce à des tronçons d'États, bizarrement
formés, ne partant d'aucun droit, et n'en
conférant que de vulgaires ou d'illusoires,
que se rapportaient leurs vœux et leurs
sacrifices ? De pâles images de l'ordre vrai-

ment social apparaissent de loin en loin sur le sol germanique, qu'avaient soulevé, embrasé l'amour de la liberté et ses douces espérances. A Munich, à Stuttgard, à Carlsrhue, on rencontre de ces fantômes; ailleurs, leur ombre même n'a pu pénétrer. Encore, ces maigres établissemens ont-ils été l'objet des plus vifs reproches, des poursuites les plus actives de la part de ceux qui, entrés plus avant dans le système, voyaient dans ces *caricatures* de l'ordre social, une déviation au système général d'amortissement des peuples et de fuite de la réformation sociale[1]. Voilà les deux

---

[1] M. de Metternich, revenant d'un congrès d'Italie, a dit, à son passage à Inspruck: *L'abbé de Pradt a dit que le genre humain est en mar-*

points qu'il faut savoir bien distinguer dans
la direction des gouvernemens depuis 1814:
ils veulent ôter les sujets à la plainte et
garder l'empire; ils veulent qu'un bonheur matériel leur donne le droit de dire
aux peuples : De quoi vous plaignez-vous?
Ils voudraient éteindre dans la jouissance
d'un bonheur matériel, jusqu'au désir de
la jouissance du droit social, bien mieux,
jusqu'à sa connaissance. Ils sont revenus
au point où, dans toute l'Europe, sous
mille formes, les souverains ont aminci,
effacé, fait oublier les *États* qui existaient
partout, et ont établi leur pouvoir absolu
sur la négligence, la lassitude, l'oubli,
et quelquefois la corruption; car c'est

---

*che, et que rien ne le fera rétrograder; eh bien,
nous travaillons du moins à l'arrêter.*

ainsi que les *Etats*, parties intégrantes
de toutes les constitutions de l'Europe,
ont disparu à peu près partout. Les souverains savaient bien que prendre le pouvoir est tout, et que sa reprise est une
affaire immense et presque sans exemple.
N'est-ce pas dans cet esprit ennemi de
la réformation sociale, que tout ce qui, en
Allemagne, tendait à ranimer l'esprit national, a été proscrit, poursuivi, effacé?
On a voulu des Allemands continuateurs
du despotisme, on n'a pas voulu des Ger-
mains créateurs du gouvernement représentatif. Si Montesquieu avait découvert
son berceau dans ses forêts, on se souciait
fort peu de l'y replacer une seconde fois.
N'est-ce pas dans ce but que les Suisses,
réputés par leur hospitalité, ont été forcés
d'abdiquer ce glorieux privilége?

11.

Croit-on que toutes les leçons faites à l'Espagne et au Portugal, ne se bornent pas à ces deux mots? *Modération, mais point d'institutions. Rendez de la légèreté à votre main ; réservez toute sa pesanteur pour les institutions et pour ceux qui y aspirent; occupez-vous de borner l'esprit humain, car c'est là l'ennemi véritable....* Je me trompe beaucoup, si tout ce qui se passe en Europe, dans l'ordre de la sociabilité, a une autre origine, une autre tendance et un autre but. La preuve de l'existence de ce système se trouve dans le soin que les ministres des grandes puissances, restés à Paris après les événemens de 1815, mirent à tempérer la fougue du parti que cette catastrophe avait saisi du pouvoir. On les vit, pendant plusieurs années, travailler à le contenir, à le tempé-

rer, à soutenir le ministre contre lequel
frémissait ce parti ; on ne doit pas douter
que les mêmes calmans ne fussent présentés et recommandés par les mêmes ministres dans les autres états restaurés du midi
de l'Europe ; car on doit aux souverains allemands la justice de dire que, excepté
dans le grand-duché de Hesse, l'immodé-
ration ne s'est pas montrée parmi eux ; la
chaleur et l'exaltation ont été le partage
des souverainetés méridionales. Quand le
nouveau grand-duc de Hesse a voulu donner une constitution, n'a-t-il pas été arrêté
dans l'exécution de cet honorable dessein ?
N'est-ce point dans le même esprit, que l'ordonnance d'*Andujar* a été annulée ? Tout
en parlant de modération, le comité direc-
teur de l'Europe ajoutait-il : Donnez des
institutions là où il n'y en a pas ; épurez,

améliorez là où il y en a ? Non, certes ; il se bornait à dire : N'effarouchez pas les peuples, fuyez ce qui peut les porter à l'irritation; jetez sur leurs blessures le baume de la modération, c'est le vrai dictame pour les plaies des nations. Cette indication est si exacte, que l'Angleterre elle-même ne s'est retirée de la coopération avec la Sainte-Alliance, que lorsque les prétentions de celle-ci à intervenir dans les affaires intérieures des états, la menacèrent de la placer dans une attitude incompatible avec ses principes constitutifs. Ceux-là ont bien mal jugé leur marche, qui ont prêté aux gouvernemens des idées de sévices ou de violences sur les peuples. Leurs vues étaient bien plus profondes : ils savaient que les peuples ne s'endorment pas dans les rigueurs, mais dans le bien-être; ils auraient voulu noyer à la fois les sujets de plaintes et les idées de liberté sociale dans les jouissances d'un bonheur matériel, qui, loin d'être jamais un sujet d'inquiétude pour les gouvernemens, tourne toujours au profit de leur pouvoir. L'essentiel, dans l'esprit des gouvernemens, était d'arriver à faire tomber cet élan vers la liberté rationnelle dont, aux jours du besoin, ils avaient tiré un si grand parti, et de détourner les esprits de la contemplation de ses principes. Il en a été des gouvernemens comme de Rome : jadis le Vatican tonnait sur les trônes; depuis que l'ordre rationnel a élevé les peuples en face des trônes, Rome s'est réunie à ceux-ci contre l'esprit des peuples; le temps, qui donne à tout une face nouvelle, a réuni dans un même faisceau, les armes que d'autres inimitiés avaient créées, et leur a donné

un autre but. Aussi, n'y a-t-il rien de plus
vide de sens, ni à la longue de plus fa-
tigant, que les rappels éternels de Gré-
goire VII, de Boniface VIII, de Sixte-
Quint, comme si les empereurs marchaient
encore contre le Capitole, comme si celui-ci serait encore reçu à mettre les états
en interdit, et comme si la civilisation ac-
cepterait ce que l'ignorance recevait à ge-
noux. Elle a brisé ce glaive qui apparaissait aux yeux des mortels consternés, comme
celui de l'ange exterminateur; l'homme n'a-
dore plus, il honore; il a repris l'usage de
sa raison, et celle-ci circonscrit le respect
dans des limites sans exagération ni bas-
sesse. Revenir autant que possible au passé
par une pente douce, sans secousses, par
ces chemins faciles qui portent mollement
le voyageur au terme de sa course, telle a

été l'application des gouvernemens depuis
1814. M. de Metternich l'a dit dans sa fameuse lettre : aussi, dès que les tribunes
ont apparu, on a fondu les armes à la
main sur Naples, Turin et Madrid; à son
tour, celui-ci s'apprêtait à en faire autant
sur Lisbonne, si sa tribune s'y fût affermie.
Ce concert prouve évidemment l'existence
et la généralité du système : les tribunes de
France et d'Angleterre paraissaient aux
gouvernemens suffire pour ce qu'ils se
souciaient de rencontrer et de laisser
germer de science sociale parmi leurs peuples. Chacun a craint d'avoir à ses portes
des sujets de comparaison qui pouvaient devenir pour les peuples des objets d'envie.
Dans cette vue, l'Autriche n'a pas pu supporter à Naples une tribune qui eût pu se
faire entendre jusqu'à Venise; Vienne a

tremblé de celle qui se fût élevée à Berlin.
A son tour Berlin redoutait celle de Cassel,
Madrid celle de Lisbonne; là même où ces
chaires d'enseignement mutuel éprouvent
moins de contradictions, on redoute qu'en
se multipliant, les tribunes, s'appuyant
l'une sur l'autre, ne se prêtent une force réciproque, et ne conduisent irrésistiblement
à leur perfectionnement. Toute la question
est là : lorsqu'un changement se manifeste
dans la société, toutes les questions finissent par aboutir à une seule, qui y forme
un point rayonnant propre à éclairer toutes
les autres. *Le changement social avance-
t-il? recule-t-il?* Tout le reste n'est qu'accessoire; ainsi, pendant cinq cents ans, il n'y
a eu qu'une question dans l'univers : Qui
avance ou recule du christianisme ou du
paganisme? La réformation ramena la

même question; dans ce cercle plus resserré, toute la question se réduisit de nouveau aux progrès de la lutte engagée entre le catholicisme et le protestantisme; les jours actuels offrent un spectacle semblable. En 1789, il y a eu divorce entre l'ancien et le nouveau monde, entre l'ancienne et la nouvelle sociabilité. De quel côté avance-t-on, recule-t-on ? Voilà tout ce qu'il y a à considérer ; hors de là tout est oiseux ; les gouvernemens l'ont bien senti : ils ont dressé leurs batteries en conséquence.

Ne perdons pas de vue les deux principes de cette déduction : *Tempérance dans l'exercice des pouvoirs; restriction dans la réformation sociale.* Si je me trompe, que l'on indique donc la signification réelle de ce qui se passe simultanément dans toute l'Europe. La guerre contre les

libéraux en Espagne, en Italie, en Portu-
tugal, sous des noms différens, *negros*,
francs-maçons, *carbonari*; le jésuitisme,
soldat né de tout despotisme; la persécu-
tion ardente contre la presse; l'imprimerie
chargée de chaînes, à défaut de pouvoir être
détruite, tolérée comme un mal nécessaire; l'esprit humain déclaré suspect, rebelle par nature; la science traitée comme
la propriété matérielle, scindée en deux
classes pour la grande et la petite propriété;
en Allemagne, la presse, les écoles disci-
plinées comme des casernes; la Russie,
fermant ses portes et revomissant l'étranger qui était venu suppléer à ses moyens
encore faibles d'éducation; la Suisse, fermée aux exilés politiques; Genève même,
Genève, honorée par le berceau de Rousseau, par le voisinage de Ferney, a été en-

rôlée dans cette croisade contre l'esprit humain, tout y a pris part, et a marché de front contre lui.

Toute la série des faits, avec leurs conséquences, nous a conduits à ce point culminant de la question. L'état actuel et son principe sont bien connus; mais d'eux va naître un grand et nouveau problème; le voici : La liberté sociale est-elle en proportion avec la civilisation existante? La réformation sociale marche-t-elle à hauteur avec les accroissemens de l'éducation des nations? Plus éclairées, sont-elles plus libres? Le problème est tout neuf; aussi pour le résoudre, ou du moins pour le faire bien concevoir, ai-je besoin de mettre en présence deux cartes, 1°. celle de la géographie de l'Europe, 2°. celle des libertés actuelles en Europe. Je marche, quoique de

loin, sur les traces de M. Charles Dupin....
La confrontation de ces deux cartes et de la
situation actuelle, constatera la *statistique*
des libertés de cette contrée.

En Espagne, Ferdinand a déclaré qu'il
ne relâcherait jamais rien du pouvoir qu'il
tient du ciel. En Portugal, c'est encore
pire, s'il est possible; on a renvoyé au-
delà des mers ce que les rivages améri-
cains avaient envoyé de liberté. L'Italie
entière, remise aux mains des jésuites, a
moins de liberté sociale qu'au temps des
empereurs : alors, Rome avait encore un
sénat; le sceptre de l'Autriche change en
chaînes tout ce qu'il atteint. La Russie et
le Danemarck sont légalement sous le pouvoir absolu, quoique exercé modérement.
Tels sont les vastes domaines possédés encore
en Europe par le despotisme, et l'espace

dans lequel l'espèce humaine y est exhérédée
de tout droit social. D'autre part, la Suède
et les Pays-Bas jouissent d'une organisa-
tion régulière ; la Bavière, le Wurtemberg,
Bade, sont, il est vrai, sortis de l'ancien
régime absolu, mais sans entrer encore
dans le vrai système social. Reste donc,
pour l'ordre provenant des vrais principes
de la sociabilité, la France et l'Angleterre.
Ainsi; existent sous le pouvoir absolu,
83,000,000 d'hommes; sous un régime constitutionnel, 54,000,000 d'hommes ; sous
un régime mi-parti d'arbitraire et de con-
stitutionnalité, 18,000,000 d'hommes; sous
un régime plus *légal* et tempéré que vraiment constitutionnel, 8,000,000 d'hommes. Comme on voit, la supériorité reste
encore au despotisme pur, soit en surface,
soit en population ; et dans la zone oppo-

sée, qu'aperçoit-on encore ? deux états
seulement, dans lesquels les bases de l'ordre social sont posées et établies, quoiqu'à
des degrés divers de profondeur et d'étendue, quoique exposées à plus ou moins
d'attaques; car si l'établissement y est uni-
forme, l'acceptation et l'interprétation ne
le sont pas. La statistique matérielle des
libertés publiques en Europe est donc bien
fixée. Voyons maintenant la statistique
morale de cette contrée, dans le même
ordre, soit par elle-même, soit par rapport à ce qu'elle était antérieurement à
1814.

Une masse immense de civilisation,
c'est-à-dire de lumières, et de tout ce qu'elles
enfantent, circule dans la société actuelle,
la vivifie, porte toutes ses forces dans une
progression ascendante, et lie ensemble

toutes les parties de l'humanité. Celle-ci,
épurée au feu de ces nouvelles clartés, a
déposé sa rouille dans les creusets de la
réformation sociale entamée depuis trois
cents ans : on ne peut s'empêcher de voir,
de sentir, de toucher, pour ainsi dire,
l'immense supériorité de l'humanité moderne sur l'ancienne. C'est une de ces vérités qui, pour être senties, n'ont besoin
que d'être énoncées. Que ceux qu'elle con-
triste descendent en eux-mêmes, et qu'ils
disent s'ils voudraient échanger leur condition sous la civilisation moderne, pour
celle qu'ils auraient eue sous l'ancienne,
celle de leurs pères, et dans un âge encore
récent. Les peuples sont donc arrivés à un
haut degré de force morale. En 1789, la
France l'avait montré ; elle s'était accrue,
depuis cette époque ; les semences fécondes

12

jetées par elle avaient porté leurs fruits.
En 1808, l'Espagne, que l'on croyait vierge
de toute philosophie, étonna le monde
par le spectacle des progrès qu'elle avait
faits chez elle. Une constitution complètement sociale s'élabora à Cadix, dans la
salle même que perçaient quelquefois les
bombes ennemies, laissant les auteurs de
cet acte sans distraction, comme sans effroi. En même temps, toute cette zone
éclairée [1], qui s'étend de Kœnigsberg aux

---

[1] Cette zone est la plus éclairée de l'Allemagne,
et peut-être de l'Europe entière; elle abonde en
universités, en écoles, en hommes de lettres, de
sciences, d'arts, laborieux, savans, modestes; les
villes de commerce y sont très-multipliées, et,
Paris excepté, car il fait exception à tout, on ne
trouverait pas, même en France, une bande de

bords du Rhin, fermentait: réchauffée par
l'action des mêmes principes, elle offrait
tout son sang pour prix de sa liberté, et
la Germanie préférait une espèce de ra-
jeunissement de Médée à la perte de sa
nationalité. Plus on la divisait, plus elle
s'unissait. En France même, la gloire s'était
fait adopter sous les couleurs de la liberté :
celle-ci sommeillait dans un lit de trophées; l'adulation était dans le langage,
dans les formes extérieures; la liberté était
dans les esprits. Voyez si, lorsque la main
qui la comprimait eut perdu de son poids,
au sein de ce corps législatif qui, pendant
beaucoup trop d'années, avait mis la na-

---

terre sur laquelle, d'une manière continue, il
y ait autant de culture intellectuelle.

12.

tion aux pieds de son chef; dès qu'il put
s'exprimer, le premier cri ne fut pas un
cri de liberté, un retour vers les principes
de 1789, car ils sont indestructibles, et de
tous les temps et de tous les lieux. Toute
la jeune génération de la France n'avait
pas respiré l'air de l'ancienne civilisation,
elle était contemporaine de la nouvelle, et
cónsanguine de la réformation sociale. A
cette époque de 1814, l'Europe était donc
remplie d'une séve sociale douée d'une
puissance immense pour le développement de la réformation, dont les principes,
proclamés en 1789, lui avaient tracé la
route, et à l'avancement de laquelle, à
son tour, elle devait servir de véhicule.

La loi de l'univers est la correspondance
des effets avec les causes; le monde est faux
s'il en est autrement. Par conséquent, la

liberté sociale devrait être proportionnée
aux lumières , à la civilisation et à l'éducation politique. Est-ce ainsi que les choses se passent en Europe ? Loin de là : '
l'éducation avance, et la liberté recule;
bien plus, le désir et les notions de liberté ,
ont l'air de reculer ; le langage même est
devenu étranger aux principes. On a cessé
de les réclamer, de les invoquer, de les
venger ; on s'est arrangé dans cette exhé-
rédation : tout ce que donne le pouvoir est
accepté sans examen, sans réflexions, et
les peuples acceptent, sollicitent comme
des bienfaits, la cession de quelque partie de
leurs propres biens, ou bien ils *s'en passent,*
toutefois en attendant qu'il plaise à leurs,
chefs d'en restituer quelques parcelles. N'est-
ce pas là le tableau le plus fidèle de ce qui
se passe en Europe ? Que sont devenus les

principes de 1789, l'élan de 1813? A cette
époque, l'Allemagne se fût-elle contentée
de ces *tronçons* d'états donnés à la Prusse,
de ces assemblées siégeant de loin à loin,
silencieusement, en Bavière, Wurtemberg
et Bade ? Quelles réclamations ont excitées
ces bizarres créations ? Qu'a-t-on vu se
passer à Stuttgard, à Bade, lorsque ces
états ont éprouvé des sévices ? L'Espagne
est abattue, dans le silence, aux pieds de
Ferdinand, de ce roi qui, deux fois, a
repris les rênes de mains étrangères ; le
Portugal a passé alternativement de la liberté à l'esclavage, et de l'esclavage à la
liberté. Qu'oppose-t-il à don Miguel ? La
triste Italie n'oppose aux spoliateurs de ses
libertés que ses gémissemens inécoutés ;
elle est réduite à cacher au fond de son
cœur des désirs dont elle n'oserait pas même

nommer l'objet. Ce tableau est désolant,
je le sens ; mais est-il vrai ? voilà toute la
question, et le problème que présente la
marche inverse de la civilisation avec la
liberté, marche qui est contre l'ordre de
la nature. Qui, en 1789, en 1381, eût toléré
le langage tenu à Laybach, d'après lequel
il appartient aux souverains seuls d'accor-
der, de modifier les institutions, en ne
restant responsables qu'à Dieu seul ? Là,
par cette violente déclaration, le contrat social a été, non pas seulement dé-
chiré, mais proclamé ne pouvoir pas exister, le droit divin reconnu, et les peuples
livrés à l'arbitraire, condamnés à une minorité éternelle, jetés hors de leurs propres
affaires, et dépourvus à jamais de garanties. Il leur a été dit, par le canal de
Laybach, qu'ils auraient à attendre que le

despotisme éprouvât de la lassitude pour qu'ils aient de la liberté ce qu'il lui plairait d'en céder, et que ce serait dans un autre monde que se régleraient les comptes sur ce qui aurait été fait dans celui-ci. Jamais rien d'aussi despotique, d'aussi anti-social n'avait été proféré ; ce n'est pas un sévice tel que la tyrannie s'en permet tant, c'est un code complet d'anti-sociabilité qui, ouvertement, sans détour, a dit : *Le monde est une domination, et non une société; le droit ne vient pas de la société, mais de ses chefs, quels qu'ils soient;* car ceci est aussi bon à Venise qu'à Vienne. *Les peuples n'ont rien à voir dans leurs affaires, ni de comptes à attendre.* En sa qualité de principes, cette déclaration atteint le monde entier; quel effet y a-t-elle produit ? qui s'en est aperçu ? qui la con-

tredit? qui s'en souvient? qui pourrait dire
qu'elle existe? Je n'ai pas trouvé une seule
trace de la sensation qu'elle eût dû faire.
Je me glorifie d'avoir, depuis son appari-
tion, saisi toutes les occasions de dénoncer
cette attaque aux libertés de l'espèce
humaine, à la dignité et à la destination
des sociétés. Eh bien! l'Europe a vu frapper, renverser ainsi tout l'édifice de l'ordre
social, sans avoir l'air de comprendre ce
qui se faisait, sans attention et sans cris
de douleur; certes, c'est avoir beaucoup
rétrogradé depuis 1789, et même depuis 1813. L'Europe reculait donc à
mesure que les pouvoirs avançaient;
personne n'y a fait attention. Je sais que
des optimistes se consolent par une confiance illimitée dans les effets de la civilisation. Son pouvoir m'est connu; mais à

quel temps remettre son triomphe? par quels moyens l'obtiendra-t-elle? Cessera-t-elle d'avoir des ennemis? Ceux-ci useront-ils de leurs moyens accrus par leurs succès? La civilisation a-t-elle fait lâcher prise quelque part, à ceux que Laybach a déclarés détenteurs exclusifs du pouvoir social? Quand leur fera-t-elle restituer les droits sociaux qu'ils ont confisqués? Sont-ce de ces proies que l'on lâche si facilement? Quand le pouvoir s'est-il dessaisi? Je vois bien, et l'on verra quelques améliorations; quelques difformités s'effaceront ; on veillera à interdire le fondement à la plainte : mais, pour le fond des choses, il a été altéré, et la réparation ne se prépare point.....

. Que l'on songe donc à la masse armée dans la main des gouvernemens, et à la nudité des peuples ; à la facilité du concert entre les premiers , et à la déliaison innée entre les seconds ; à la richesse disponible, par les gouvernemens, pour toutes les ambitions, et à la pauvreté des peuples, dont le trésor est placé dans les hautes régions d'estime , auxquelles le plus petit nombre seulement aspire. Les lauriers ont tort contre l'or ; ils l'auront tant que nous ne redeviendrons pas d'anciens Romains. Cette triste vérité, que mon cœur reproche à ma raison d'avoir trop constatée, est donc bien certaine : *L'Europe avance en civilisation; elle recule en sociabilité.* On a dit *que la littérature était l'expression de l'esprit d'un temps;* certes, on ne dira pas qu'à cette heure, la sociabilité de l'Europe soit l'expression de son esprit..... : elle en a plus qu'elle n'en montre dans ce genre.

Le mot insolent échappé à M. de Metternich lors de son dernier voyage à Paris, *la grande émeute européenne sera finie dans deux ans*, ne se réalise que trop ; il marche vers son accomplissement. Ce mot met à découvert la manière dont les gouvernemens envisagent les sociétés humaines, et la revendication de leurs droits. A leurs yeux, ce sont des émeutes, en cette qualité sujettes, en 1789, à être sabrées aux Tuileries par le prince de Lambesc ; pourchassées les armes à la main à Naples, à Madrid, à Turin ; soumises partout au glaive et au canon. Un ministre du royaume des Pays-Bas vient d'apprendre le cas qui doit être fait des chartes, des constitutions, des garanties, et du droit de faire rendre compte aux ministres, du pouvoir dont les effets atteignent les peuples. Il a déclaré que l'opinion publique n'était qu'une *bétise*; et ce qui comble tout, c'est l'impassibilité dans laquelle trouve un pareil langage, de manière à laisser incertain entre deux choses, savoir si on l'entend ou si l'on y est sensible.

Reportons maintenant nos regards vers la France, et voyons si le même système d'amortissement lui a été appliqué, et avec quel succès. Ici se présentent à la fois devant moi le plus grand spectacle et les plus hauts devoirs. D'un côté, c'est la France, le foyer du mouvement de la réformation sociale imprimé au monde, le centre de la civilisation, le fanal sur lequel l'Europe a les yeux; car, sous quelque fortune qu'elle existe, la France est et sera la capitale du monde social et intellectuel; rien ne pourra lui faire perdre ce glorieux privilége. Deux fois sous le joug de la guerre, deux fois, elle a fait passer ses envahisseurs sous celui de son génie. Il en sera toujours de même, cela tient comme à son sol. D'un autre côté apparaissent, avec toute leur majesté, les principes de l'ordre social, rendus plus sacrés par leur application à une masse d'hommes et d'intérêts, telle que celle que renferme la France. Le respect augmente en raison de la grandeur de son objet et des conséquences de son mépris..... Or, il s'agit ici des intérêts de trente-trois millions d'hommes. Avec quel saint effroi, avec quel dévouement à la vérité, avec quelle abnégation de toute crainte et de tout intérêt privé, ne doit-on pas s'approcher de la discussion de choses si grandes et si pleines de conséquences heureuses ou funestes ! Écrire sur de pareils sujets, est

monter à un autel dont le sacerdoce véritable se compose de vérité et de courage,
et que profanent la lâcheté et l'intérêt.
Mais en face de ces considérations, s'en
présentent d'autres qui méritent aussi d'être
pesées. Écrire sur le temps présent est,
comme a dit Rivarol, disséquer des hommes vivans ; écrire sur le résultat des actes
des partis, c'est les réunir tous contre soi ;
écrire au milieu des embûches des lois faites
par les partis, c'est s'exposer à leurs coups ;
écrire contre l'opinion qui gouverne ceux
mêmes que l'ont veut servir, c'est les sou-
lever contre soi ; écrire pour faire rebrousser l'opinion adoptée par tout un peuple,
c'est tenter ce qui surpasse la force du bras
d'un homme ; écrire pour dérouler devant
le pouvoir le tableau de ses erreurs, c'est
provoquer sa colère, et Salomon a dit que

cette colère est terrible ; écrire pour montrer les voies secrètes que le mal a suivies,
c'est appeler les dénégations intéressées au
maintien de ces ténèbres. Tout cet appa-
reil ne m'a pas échappé, et il ne m'a pas
effrayé. Je sais à quelles douceurs d'amitié
il faudra peut-être renoncer, à quel délaissement je pourrai être condamné, à
quels coups je pourrai rester en butte : j'ai
vu cela, et j'ai continué d'écrire ; il s'a-
gissait de la France. Iconoclaste nouveau,
je ne viens point abattre des images révé-
rées ; profanateur des tombes où reposent
des majestés rendues au sort commun de
l'humanité, je ne viens point remuer des
cendres royales et troubler la paix de leur
demeure ; prêtre d'une religion de paix,
je ne viens point secouer des torches de
discorde ; membre d'une société qui m'est

chère, je ne viens pas l'agiter ou la con-
trister; n'ambitionnant pour mes derniers
jours que de lui rendre un dernier service,
je lui parlerai avec la vérité, compagne
ordinaire des paroles des mourans ; avec
l'*innocuité* attachée à l'absence complète
de toute affection haineuse ou partiale; avec
l'absence du mot *attaquer,* qui ne se trouve
jamais dans mon dictionnaire. Si j'erre,
le tort est à mon esprit; qu'on me le
montre, j'obéirai sans réserve ni retard.
Sachant que l'observation des convenances
est une grande partie de la civilisation, je
ne manquerai à aucune, fidèle à toutes,
comme à la liberté, dont les droits et l'u-
sage me paraissent devoir s'accroître par les
lumières de ceux devant lesquels on parle,
et par le peu d'effet de quelques paroles
tombant sur des masses dont le poids, les

occupations comme les distractions, assurent l'immobilité, hélas ! trop générale et trop croissante. Je vais donc parler de la France, dans les mêmes dispositions d'esprit avec lesquelles j'ai parlé de l'Amérique ; mon désir est de me tromper sur l'une, autant que je me suis peu trompé sur l'autre.

Quatre époques principales, pour l'ordre intérieur de la France, se font remarquer dans sa révolution :

1°. L'assemblée constituante ;

2°. L'empire ;

3°. La restauration ;

4°. La session de 1828, suite des élections et de la révolution ministérielle de cette époque.

Les deux premières époques sont hors de la question actuelle.

Je dois faire précéder ce que j'ai à dire sur la troisième, par quelques observations que la nature du sujet m'indique de placer ici.

Les grands événemens sont sujets à des jugemens divers, et ceux-ci flottent au gré des passions, des intérêts, et subissent les interprétations du plus ou du moins de connaissance des mobiles réels des faits. Tels ont été les jugemens portés sur le principe de la restauration. C'est un mot complexe; bon nombre en font un simple : dans sa généralité, il signifie fin de l'empire, retour des Bourbons. C'est à ce dernier seul que les uns se sont attachés avec joie, et que d'autres ont pu attacher des reproches d'imprévoyance. Quelques-uns ont été jusqu'à traiter d'intrigue les combinaisons profondes et pa-

13.

triotiques qui ont ramené l'ancienne dynastie. Voici le vrai. La restauration s'est
faite sur le champ de bataille de Leipsick.
Elle a été déclarée à Paris le 31 mars.
On ne rappelle pas d'une rechute telle que
celle de Leipsick. Napoléon, pouvoir d'o-
pinon, a dû continuer la guerre au retour
de la Russie, et rechercher son étoile éga-
rée dans le nord. Sa campagne de 1813
montre qu'il entendait parfaitement sa
position, et qu'il connaissait la nature mé-
téorologique de son pouvoir. Lutzen et
Wurtzen l'avaient reconstruit : encore
quelques succès pareils, et l'astre repre-
nait un cours plus radieux et plus impo-
sant, par l'autorité de ces miracles. Mais
on est bien près de la chute quand on vit
à fonds perdu sur les promesses de la
persévérance de la victoire. A Leipsick,

elle déserta les drapeaux de Napoléon , et
donna un ascendant irrésistible à ceux de
ses ennemis. Ce jour - là , il fut évident
qu'ils viendraient lui demander compte à
Paris, de ses apparitions dans leurs capi-
tales, et qu'il serait pris de sévères mesures
pour lui en interdire le retour. Dans ce
même moment, la question se trouva établie
entre la France et Napoléon. Pour maintenir celui-ci, il fallait recommencer la guerre
de 1792. Mais tous les attributs français
de 1792 étaient passés chez les ennemis.
En 1814, la France épuisée, fatiguée de
vingt-deux années de guerre, n'avait plus
cette séve de jeunesse, cette plénitude de
forces qui, en 1792, avait fait voler aux frontières des millions de Français. En 1792,
c'étaient de vieux cabinets méthodiques
qui se mesuraient avec des phalanges

pleines d'un élan qui empruntait de la
force à son irrégularité même. En 1814, la
France recevait la guerre; en 1792 elle la
portait au dehors. En 1792 le peuple français faisait la guerre; en 1814 c'étaient les
peuples étrangers. La position était donc
complètement inverse, et cependant c'était
dans cet état qu'il fallait revenir à des efforts encore plus grands qu'en 1792. Napoléon disait au moindre avantage : *Il faudra brûler Munich et Vienne.* Il avait
reconnu à Leipsick, à Hanau, le fonds qu'il
y avait à faire sur les ménagemens, les
alliances et les mariages. Revenu de ces
erreurs, pour cette fois il voulait aller au
fond des choses, et se mettre pour jamais
à l'abri du retour de pareilles déceptions.
Ce n'était donc plus la guerre de la France,
mais la sienne propre. Ses dispositions per-

sonnelles n'étaient pas celles des hommes
qui l'entouraient : ils soupiraient après
le repos; il leur était aussi agréable et nécessaire qu'il lui était personnellement nuisible. Il s'était donc formé, entre Napoléon
et la France, une séparation d'intérêt, et
comme un vide qui les éloignait l'un de
l'autre. L'homme était perdu, il fallait aviser à ce que la France ne le fût pas. On
savait que les alliés, pour enchaîner le lion
terrassé, devaient prendre des garanties
oppressives pour la France. Le génie de
Napoléon était connu, et on ne pouvait
douter que le désir de venger son injure
et l'inquiétude innée de son esprit, ne ra-
menassent sur la France de nouveaux
orages. D'un autre côté, les Français n'a-
vaient pas entendu renoncer à la liberté en
faveur de la gloire, mais seulement la sus-

pendre au milieu de trophées, pour l'y retrouver plus brillante et plus forte; mais,
le char de victoire renversé, il n'y avait
plus que des sacrifices sans leur prix. C'est
de cet ensemble de considérations que s'est
formée la démonstration de la nécessité du
rappel des Bourbons, dans l'esprit de quelques hommes occupés habituellement de
la considération de ces grands intérêts.
Chez eux, tout venait de l'amour du bien
de la France et s'y rapportait. Certes, ce
n'est point par des motifs cupides, qu'aux
jours de malheur on se sépare de tant de
gloire, et d'une gloire que l'on a servie et
aimée. Mais il s'agissait de la France et de
sa liberté : dès lors il n'y avait pas à
balancer. Le retour des Bourbons parut
donc le seul moyen de répondre à toutes
les exigences du temps. Calmer l'intérieur,

rassurer l'étranger, affermir la paix, sortir
du choc des ambitions et des prétentions,
et arriver enfin à ce port si désiré de la liberté, dont les besoins de la position de
Napoléon auraient interdit l'approche :
telles furent les vues des directeurs de cette
restauration. Les gages de cette sécurité ne
se rencontraient point dans quelques systèmes qui ont plus ou moins agité les esprits.
Le premier, moins dépourvu de vraisem-
blance, continuait la possession du sceptre
dans les mains dont il fallait attendre trop
long-temps la force. Le remède était remis
à quinze années d'attente, et le mal était
du moment. Une étrangère, inconnue de la
France, était loin de montrer des garanties
égales à des besoins aussi étendus, et aussi
pressans que ceux de cette époque; il était
naturel de pressentir les influences venues

de la terre natale; c'était oublier la dignité
nationale que d'appeler un étranger sur le
trône. Le dernier des laboureurs français
ne blesserait pas la fierté de la nation, autant que le ferait le plus grand des étrangers assis à cette place. Dans ce labyrinthe,
une seule solution se présentait donc, elle
fut adoptée. Toute résolution a des inconvéniens et peut être combattue. Le but peut
n'être pas atteint; mais, en mettant à part
la facilité de la critique, que l'on dise ce
qu'il y avait à faire, que l'on montre une
meilleure issue, et s'il s'est trouvé quelque
mécompte, que l'on voie s'il est venu des
hommes ou des choses. Non, la restauration a été une œuvre de lumière et de nationalité, aucune haine n'a éloigné ce qui
est tombé, aucune vue personnelle ne s'est
rapporté à des profits à attendre de ce qui

a été relevé. Dans cet acte solennel, tout a
a été national, rationnel et pur, digne de
la France et de ceux qui la servaient[1].

---

[1] Je supplie le lecteur de croire à la sincérité
des lignes suivantes : la vérité seule les dicte. Au
moment où j'appris la catastrophe de Leipsick,
à Malines, je déclarai hautement, quelque danger
qu'il y eût à le faire, la fin du règne de Napoléon,
et la nécessité de revenir aux Bourbons. A mes
yeux, cette vérité était de la géométrie. Je n'ai
pas cessé de m'exprimer dans le même sens, et
à mon arrivée à Paris, 23 janvier 1814, mon premier mot à mes amis, fut, *Il faut rappeler les
Bourbons.* Je n'avais jamais eu l'honneur d'en
approcher un seul ; je n'en avais rien reçu, j'étais
affranchi de tout lien de reconnaissance, mais je
ne l'étais pas de l'empire de ma raison, qui me
montrait que ce rappel était la seule chose faisa-
ble dans l'ordre actuel de la France. D'autres,
peut-être, se pareraient de dévouement ; je ne me
pare que de *raison.* Ce mot dévouement me
rappelle qu'une dame, en 1814, me demanda de

Rousseau a dit : Le plus beau trait de la
vie d'Alexandre est celui de sa confiance en
son médecin Philippe ; il prit, sans hésiter,

---

me charger d'une requête, dont le motif était
d'avoir soupiré pour les Bourbons.

M. le baron Fain s'est permis, sur cette grande
époque, des jugemens et des expressions qui ne
peuvent être excusés que par la douleur, d'ailleurs bien naturelle, de la chute de celui auquel
il était attaché ; mais l'accomplissement d'un devoir ne donne pas droit à la violation des autres.
Cet écrivain est tombé dans les plus lourdes contradictions ; car, en représentant la restauration
comme une intrigue entre quelques personnes,
il peint à plusieurs reprises la lassitude, le décou-
ragement des maréchaux qui environnaient Napoléon, et jusqu'aux discussions tenues dans ses
propres appartemens, pour le faire abdiquer. Il
peint la joie que produisit cette résolution parmi
les entours de Napoléon. (*Manuscrit de* 1814,
depuis la pag. 225 et suivantes.) M. le baron Fain
affecte le style des bulletins de la grande-armée ;

la coupe présentée par les mains d'un homme qu'il savait en butte aux séductions de son ennemi...; *il crut à la vertu*, dit Rousseau : il y a des circonstances qui commandent des actes de foi; les auteurs de la restauration ont cru à la vertu de l'expérience, aux leçons du malheur, à l'enseignement de la terre classique de la liberté, rendu plus instructif par la longueur du séjour sur ce sol *normal*, à l'instruction si profonde et si parlante du triste résultat d'une restauration qu'un fatal aveuglement fit passer d'une aurore sereine à un couchant chargé d'orages [1]; c'est avec

---

il convenait à la victoire qui couvre tout, il est inconvenant avec la défaite qui laisse tout à nu... Soyez vainqueurs, ou parlez correctement.

[1] Comme s'il existait en tout une opposition

ces conseils de sagesse qu'ils calmaient les
craintes, qu'ils dissipaient les défiances,
et qu'ils faisaient passer dans l'esprit des
autres, la confiance qui était dans le leur...
Grand Dieu! où en serait-on dans la conduite des affaires, si toujours il fallait des
preuves matérielles? n'est-on pas la plu-
part du temps réduit à choisir entre des
inconvéniens, entre des partis également
probables? et dans l'occasion, sujet de ces
observations, qui montrait évidemment un
résultat plutôt qu'un autre? Les probabilités
étaient pour le bien ; après l'événement,
il est bien commode de prononcer des juge-

---

innée entre la France et l'Angleterre, *littora lit-
toribus contraria*, les beaux jours de la restauration anglaise se trouvent à son début, tandis
que les mauvais jours de la restauration française
occupent la même place.

mens, il en est autrement quand il faut choisir et décider...

Je lègue ces réflexions à l'histoire, comme l'expression de la vérité, et le guide le plus sûr qu'elle puisse suivre.

Affermi sur ce terrain solide et honorable de la vérité, je ne reculerai devant aucune de ses conséquences, et comme le meilleur moyen de faire prévaloir la vérité est de lui préparer les voies, par la dissipation de l'erreur, je continuerai des explications qui me paraissent nécessaires. Un mot d'une célébrité malencontreuse a été mal interprété; un homme peut être victime d'une locution mal arrangée ou mal comprise, ou dont encore les passions se saisissent dans leur intérêt... Non, le retour des Bourbons ne fut accompagné d'aucune répugnance; je répète ici ce que j'ai dit

ailleurs, leur retour fut une fête européenne;
il montrait un terme à des combats, à des
agitations de vingt-deux ans. Tout le pres-
tige sentimental attaché aux grandes infor-
tunes, aux voies inexplicables qui en amè-
nent la fin, parlait aux esprits et aux cœurs;
non, ce n'était pas de la répugnance que.
cette émotion profonde et électrique qui se
communiqua à tout un peuple, et qui s'ex-
primait par des sanglots, lorsqu'à côté du
monarque inconnu et chancelant, apparut
et tomba prosternée celle en qui revivait,
aux yeux qui la cherchaient, toute une
race éteinte dans les flots de cette révolution qui venait mourir à ses pieds... Quel
moment! quel baume jeté sur tant d'in-
fortunes[1]! de toutes les bouches sortait le
même vœu; *i decus, i nostrum, meliori-
bus utere fatis !*

Mais les tributs du cœur ne préjudicient pas aux droits de la raison. La nature de l'homme est connue; l'homme complet est rare; il en faut de cette espèce pour subjuguer les penchans naturels, et pour leur imposer silence; un dieu seul peut retenir enchaînés à son gré les vents qui frémissent contre la barrière qui les captive; le doute, dans les grandes épreuves, est donc fondé sur la connaissance de la nature de l'homme; il redouble d'après les souvenirs transmis par l'histoire... Les princes valent mieux que leurs entours; ce sont ceux-ci que l'on craint en eux; la restauration de France avait été malheureuse en précédens, en Angleterre, comme elle l'a été en accompagnemens à Madrid, à Naples et dans d'autres lieux; les craintes de cette époque étaient donc purement ration-

14

nelles, tombant sur les choses et non sur les
personnes, sujettes à la discussion, mais non
à l'animadversion. Certes, la génération née
en 1780, parvenue en 1814 à trente-qua-
tre ans, composant la force principale de
l'état, n'ayant eu aucune relation avec l'ancienne dynastie, avec l'ancien régime, élevée à d'autres écoles, familiarisée avec d'autres mœurs et un autre langage, tout ce
qui avait pris naissance dans les fastes de
la nouvelle gloire, ou posté dans les lar-
gesses de la nouvelle fortune de la France,
ne pouvait pas être assujetti à considérer
la restauration, comme le faisaient les con-
temporains et les serviteurs de ceux dont
ils attendaient eux-mêmes leur propre restauration ; l'espérance et la crainte, le passé
et le présent n'ont pas les mêmes yeux
ni les mêmes allures.

La voilà donc arrivée cette restauration, objet de vues et de pensées diverses ! . C'est un des grands événemens de l'histoire. Est-elle bien comprise, tout marche vers le bonheur ; l'est-elle insuffisamment, les nuages vont s'elever, et les collisions commencer. Le plaisir de retrouver un héritage que les apparences avaient pu faire regarder comme perdu, est-il trop écouté ; les idées personnelles auront beaucoup de force. La grandeur de la position, tout ce qu'elle renferme, tout ce qui en découle est-il saisi d'un de ces regards qui pénètrent jusqu'au fond des choses, tout devient grand, élevé, approprié à la nature des besoins et à celle du temps. S'appuie-t-on sur l'esprit général, sur les intérêts généraux, sur les masses ou sur les fractions ? Se montre-t-on séparé entièrement

14.

de tout ce qui est étranger [1]? Demande-t-on
les conseils des hommes du sol, ou de ceux
qui s'en sont tenus séparés? Embrasse-t-on

---

[1] Quelle utilité pouvait-il se trouver à écrire
au prince régent d'Angleterre, si toutefois la
lettre a existé, qu'après la divine Providence,
c'était à lui que l'on devait le retour sur le
trône? Quelle utilité de créer le duc de Wellington maréchal de France et duc de Grosbois, si
tant est qu'il le soit? Pourquoi, s'il l'est, ces nominations clandestines? Quel que puisse être le
mérite du duc de Wellington, que je n'ai pas la
témérité de juger, et encore moins d'appeler *un*
Wellington, comme il a été dit avec tant d'urbanité et de convenance dans la dernière session;
quel que soit ce mérite, et à mesure qu'il sera
plus grand, les Français souffriront toujours du
rappel de ce nom, qui se lie pour eux à d'a-
mers souvenirs. Édouard III, le prince de Galles,
Henri V, ont pu être de grands princes; mais
leurs noms sonnent mal aux oreilles des Français,
qui ne peuvent les séparer des noms funestes de

un système homogène, complet, et formé
comme d'un seul jet, ou bien emprunte-t-on
au passé, à un système aboli, ignoré de la

Crecy, de Poitiers, et d'Azincourt. Le vainqueur
de la Hogue pouvait être un fort grand amiral,
mais il y avait un monde entier entre lui et un
bâton de maréchal de France.

Les grands sont sujets à se tromper sur un
point fort délicat; ils n'ont qu'un seul intérêt
réel, celui du jugement que l'on portera sur leurs
actions, et l'effet qu'elles produiront. Sous ce
rapport, leurs actions ne leur appartiennent qu'à
demi; ils ne doivent pas se borner à les juger par
leur intention personnelle, qui peut être fort
droite, mais par le jugement qu'en porteront ceux
qu'elles atteindront. Ce n'est pas le jugement de
soi-même qui importe à un homme, c'est celui des
autres. Ainsi, quand on a baptisé d'*introuvable*
la Chambre de 1815, en adressant un mot flatteur
à celle-ci, on courait risque de choquer la France
entière, qui la jugeait différemment. On disait
à la France que la Chambre peu goûtée par

masse, ou de plus craint par elle sous quelques rapports? S'associe-t-on aux principes de la sociabilité générale pour ne parler ni en maître ni en propriétaire? Surtout veille-t-on à empêcher les partis de naître? Voilà deux directions : l'une conduit au 20 mars, et l'autre aux jours de l'âge d'or. En effet, peut-on se faire l'idée du bonheur dont la France et l'Europe eussent joui, si la route que l'on a suivie eût été délaissée? Jours de bonheur, c'est vous que mes amis et moi avions en vue, lorsqu'au prix de tant de dangers, nous nous occu-

---

elle, était suivant son cœur et servait ses affections propres. Non, la Chambre de 1815 n'était pas *introuvable;* dès qu'on donnait faveur aux hommes et à l'esprit ennemis de la révolution, elle était *toute trouvée.*

pions de vous amener avec la restauration.
Tout dépendait de la direction première ;
une fois engagé dans une route, il faut la
suivre ; le plus superbe vaisseau dirigé avec
le plus de science, qui, pour se rendre
dans l'Inde, prendrait la route de l'Amérique, plus il forcerait de voiles, plus il s'é-
loignerait de son but ; l'art même du pilote
ne servirait qu'à l'en détourner et à accroître son aberration. La restauration était
l'épuration de la révolution, on a voulu en
faire sa destruction ; fatale méprise ! Dans
les grandes affaires il faut des partis com-
plets et décisifs ; les demi-partis ne sont
bons qu'à tout gâter. Accepter la France
toute entière, telle que la révolution
l'avait faite, ou rejeter cette révolution toute entière, tel était le parti indiqué
par la raison : prendre de l'une et de l'au-

tre, pour composer avec cette mixtion une
France à sa guise, une France mi-partie
de vieux et de neuf, placer au gouvernail
des hommes inconnus de la France, était
se placer à contre-sens de l'esprit des masses, et appeler les collisions [1]. La révolution

------

[1] Cette doctrine n'est pas nouvelle chez moi.
En 1820, j'ai publié un écrit intitulé : *Petit caté-
chisme à l'usage des Français*. On y lit, pag. 42 ·
« On était plus mal en 1815 qu'en 1814; on a
» été plus mal en 1818 qu'en 1817 ; on est plus mal
» en 1820 qu'on ne l'était en 1819; et l'on sera
» encore plus mal en 1821 qu'on ne l'est en 1820;
» et toujours par la même raison, la fausseté de
» la direction première. »
En 1827, était-on plus mal qu'en 1826, 1825,
1824; et, en 1828, 1829, aurait-on été plus mal
qu'en 1827, si les élections n'y eussent mis quelqu'ordre, un commencement d'ordre; car, il ne
faut pas se flatter, nous en sommes encore là.

était identifiée avec les idées et les intérêts des masses; des hommes, conduits en con- tradiction avec leurs penchans, sont por- tés à s'agiter, comme dans les maladies qui affligent le corps humain, l'agitation dure tant que le point d'irritation sub- siste. Cette fausse direction n'a pas plus contribué au bonheur du prince qu'à celui du peuple. Celui-ci a besoin pour lui-même du bonheur du prince; quand il se sent mal, il s'agite, il s'irrite; le malaise peut égarer son jugement; un prince assailli par les contrariétés, molesté par le défaut de succès de vues qu'il croit bonnes, n'est pas heureux, il souffre; son esprit n'a pas une assiette tranquille, hors de laquelle il n'y a pas de bonheur; celui-ci ne résulte pas de la seule possession du pouvoir, de la richesse et de lambris dorés! Le siége du

bonheur est dans l'esprit et dans le cœur;
or , l'esprit et le cœur du prince, depuis
1814 , n'ont pas pu jouir de cette espèce de
bonheur que nous lui souhaition. Dans la
série non interrompue des agitations qui
ont rempli l'espace depuis la restauration
jusqu'en 1824, Louis XVIII n'a pas été
heureux, et nous ne l'avons pas été plus
que lui; et nous ne le serons que lorsqu'une
direction vraie aura placé les choses dans
leur état naturel. Alors tout débat, toutes
collisions cesseront, car le principe des
chocs sera détruit.

La cendre de Louis XVIII est refroidie;
son règne est entré dans l'histoire; les
effets nous ont atteint; son jugement
nous appartient donc à double titre; nos
droits sont certains, comme nos devoirs :
respect inviolable pour la personne, vérité

sur les choses. Un des plus sages conseils
que Fénélon met dans la bouche de Mi-
nerve pour l'instruction de son élève, est
celui de ne pas user de trop de sévérité
en jugeant les rois, mais de se rappeler
qu'ils sont hommes comme nous, et de
ce que nous aurions fait à leur place.
Ici je m'applique ce conseil, et loin de
citer Louis XVIII à un tribunal de rigueur,
je me porterai son défenseur, pour quelques points sur lesquels la critique a peut-
être exercé une sévérité exagérée et mali-
gne. Je le dis donc sans crainte : le règne
de Louis XVIII n'a pas été un règne heureux
pour lui, pour nous et pour le monde. Avec
un 20 mars , un règne ne peut plus être
heureux ; avec quarante ministres dans dix
ans , un pays n'est pas bien dirigé ; dans la

voie droite, il n'est pas besoin de tant de
changemens : aussi sommes-nous sans cesse
occupés à corriger ce qui a été fait dans
ce laps de temps. Lorsqu'une étrangère
arrive aux frontières de la France pour
monter sur son trône, elle dépose tout
ce qu'elle apporte de sa terre natale : elle
se sépare de toute la nationalité qui l'es-
cortait, pour qu'en elle il ne reste plus
rien de l'étranger : c'est un emblème admirable de ce qui doit s'opérer à l'approche
du trône. Louis XVIII, en rentrant en
France, a-t-il laissé sur le rivage tout ce
qu'il tenait de son émigration ? A-t-il résisté suffisamment au penchant qui peut
porter à admettre à la direction de l'état,
des mains qui n'ont encore manié que des
affaires domestiques ? A-t-il recherché et

suivi toujours l'esprit de la France [1]? Quand
on veut lancer des foudres, il faut les avoir
allumées au feu de ses propres bivouacs.

---

[1] En rentrant en France, 1815, dans sa procla-
mation de Cambrai, le roi dit, *mon gouvernement
a fait des fautes; il devait en faire.* Cet aveu
est noble : il était bien dû à un peuple, auquel ces
fautes venaient de coûter si cher. Aujourd'hui on
a renoncé à la vieille fable des conspirations qui
auraient occasioné le retour du 20 mars. Que
quelques avis sur la marche du gouvernement et
sur ses effets, que quelques émissaires soient
parvenus auprès de Napoléon; que cela a-t-il de
commun avec le mouvement d'un grand peuple qui
reçoit avec acclamations l'homme qui, dix mois au-
paravant, avait été exposé à de vifs témoignages de
sa réprobation? Que signifiait ce mouvement con-
tradictoire, sinon le mécontentement de la nouvelle
direction, et la satisfaction du retour de l'ancienne?
Si ce retour de l'île d'Elbe est un des plus étonnans
événemens de l'histoire, il en est aussi un des plus
instructifs. Que de leçons ne renferme-t-il pas!

Henri IV n'en emprunta pas aux siens. Quand soi-même on a proclamé ses fautes, on doit se sentir disposé à beaucoup d'indulgence pour celles des autres. Là où tout le peuple a péché, dit saint Augustin, personne n'a péché. Il y a dans ces mots plus d'humanité et de raison que dans tous les codes, qui ne savent que faire pendre et fusiller ceux qui, dans de grandes commotions politiques, n'ont pas résisté à un entrainement général, et ont manqué à des devoirs d'état et de profession. Faibles mortels que nous sommes, mettons-nous à leur place, et demandons-nous si toujours nous pourrions répondre de nous-mêmes ! Quelquefois le sang peut être versé d'après toutes les formes légales ; mais pour cela sa voix ne reste pas toujours éteinte : des révélations inattendues

peuvent en faire regretter l'effusion, et clas-
ser les rigueurs de la justice parmi les
fautes [1]. Une prospérité matérielle a été
ressentie sous Louis XVIII ; elle l'était
sous Louis XV, sous Louis XVI ; elle l'est

---

[1] Si j'avais eu l'honneur de siéger dans les conseils de Louis XVIII, au lieu de le porter à résis-
ter aux sollicitations qui n'ont pu manquer de lui
être adressées en faveur du maréchal Ney ; prenant une route opposée, je me fusse jeté à ses pieds,
pour l'engager à déclarer qu'il se garderait bien
de toucher à une tête à laquelle le salut de tant
de soldats français avait été attaché, *et qu'il le
donnait à l'armée*. Je me trompe beaucoup si,
le lendemain de cette déclaration, il se fût trouvé
un seul soldat français qui, dans son cœur, n'eût
élevé un pavois à Louis XVIII. Il y a deux ma-
nières de servir les rois et de conduire les peuples, la grande et la petite ; les Français seront
toujours pour la première.

aujourd'hui ; elle n'est pas l'ouvrage du
prince , mais celui de tous , et des circonstances ; hier une abondance stérile, demain
une pénurie inquiétante. La perte d'une
province est moins funeste pour un peuple
que celle d'une vertu : on peut toujours
reprendre un territoire, mille exemples le
prouvent ; mais quand reprend-on ses vertus ? Celles du peuple français avaient,
sous quelques rapports, été altérées sous
les régimes précédens. Contre-partie de
ces régimes, la restauration a-t-elle suffisamment travaillé à fermer les plaies qui
nous dévorent, la corruption , l'avidité,
l'amour du luxe, des places, des honneurs,
des vanités, l'affaissement des consciences,
l'abjuration des liens antérieurs, l'abdication de l'indépendance , le déguisement de
la pensée propre et entière , et la proster-

nation au pied des autels de la fortune [1]?

Comme on voit, je me borne à effleurer ce sujet, car il est loin de ma pensée de blesser qui que ce soit.

L'Assemblée constituante avait déclaré les vrais principes de la sociabilité, car on ne les crée pas : on ne peut que les reconnaître. Leur existence est indépendante des hommes ; elle tient à la nature même des choses. Peut-être cette assemblée en avait-elle forcé l'application, surtout dans le point essentiel de la participation du prince à l'acte constitutif : son excuse ne pouvait être que dans la nécessité de pourvoir aux

---

[1] Voyez ce que M. Royer-Colard a dit de la dégradation des fonctions publiques, et tout ce qui a été publié sur les élections.

15

dangers qui naissent d'une résistance par
des moyens cachés, quand les moyens
ostensibles et patens manquent. N'est-elle
pas justifiée par ce qui s'est passé en Espagne
et dans d'autres lieux? Dans le long et laborieux passage de 1814 à 1824, la France
a-t-elle toujours réclamé les principes de
1789 ? s'est-elle soutenue à la hauteur des
sentimens qu'elle avait montrés dans d'autres circonstances? n'est-on pas tombé et
resté graduellement dans des discussions
excentriques aux principes ? A-t-il été fait,
même dans les Chambres, quelque observation sur le premier article de la loi du
24 mars 1822 ? J'ai beaucoup lu et entendu dans ce cours d'années, et j'ai toujours rencontré la même absence des principes. En rentrant en France, 1815,
Louis XVIII annonça l'intention et re-

connut le besoin de reviser la Charte. Ce
que le monarque a dit, peut, sans témérité, être répété par les législateurs et les
sujets : une seule voix a-t-elle rappelé cette
annonce [1] ? Si, dans toute l'Europe, on
dit, et l'exemple de la France n'a pû manquer d'avoir une grande influence sur cette
disposition des esprits ; si, dis-je, l'Europe
se borne à dire : Donnez-nous des institutions, nous ne regarderons pas si elles nous
viennent par droit ou par concession ; ne

---

[1] L'ordonnance du 15 juillet 1815 porte : « Notre projet était de modifier, conformément à la leçon
de l'expérience et au vœu bien connu de la nation,
plusieurs articles de la Charte. » Le malheur des
temps ayant interrompu la session des deux chambres, nous avons ordonné et ordonnons. Suivent
les articles à reviser, au nombre de seize.

15.

dit-on pas de même en France? Je l'en-
tends habituellement : l'abdication du droit
n'est-elle pas égale de part et d'autre?
De part et d'autre, ne s'est-on pas arrangé dans ce qui est, ne s'y est-on pas
établi? On ne demande plus d'où il vient,
ni comment il est fait : le fait est tout, et
répond à tout. Les principes de la sociabilité humaine sont mis à l'écart, et l'on entend avec le même sang-froid le ministère
appeler la Charte *une large concession*,
comme le procureur général de Lyon, dire
en 1828 : *L'autorité des lois dérive de
Dieu*, principe très-vrai ; *mais, pour les
promulguer, la divine sagesse a choisi les
rois : leur caractère n'est donc pas moins
divin que celui des lois.* Que dirait ce procureur général, des lois faites dans les républiques, dans les monarchies mixtes? Il

n'y a donc de lois avec le caractère divin que celles des monarchies absolues ? Dans ce cas, que devient l'ordre légal d'après la Charte ? De bien singulières paroles ont été proférées dans la dernière session ; dans d'autres temps, elles auraient produit une autre sensation. Dans celui-ci, les esprits se sont détournés vers les personnalités, vers les considérations secondaires, et, pour qu'il ne manque rien à leur amincissement „ l'étude principale se dirige vers les combinaisons qui conduisent aux places les hommes de telle ou telle nuance, car ils ne poussent pas l'ambition jusqu'à avoir une couleur. Oh! que parmi nous on est bien plus occupé de portefeuilles que de principes, et de savoir qui est, qui sera, qui peut être ministre , que de réclamer et de faire valoir les principes!... les pau-

vres délaissés ! Le désir de bien éclaircir
notre position me conduit à présenter les
explications suivantes : le malheur de cette
position est de ne pas s'entendre ; nous vi-
vons au milieu d'un cliquetis de mots, que
chacun tire, pour ainsi dire, à lui, pour
s'en faire, suivant le besoin, une épée ou
bien un bouclier.... D'un côté on a poussé
avec éclat le cri *vive la Charte*; ce cri voulait dire : *Nous voulons des institutions.*
Ce cri était le mot de ralliement contre le
parti qui ne voulait pas d'institutions, et
qui, plus haut ou plus bas, protestait,
avec M. de Villèle, contre la Charte; mais
ce parti s'étant aperçu de l'attachement de
la France à ses institutions, pour ne pas
perdre toute popularité parmi elle, s'est
ainsi mis à parler *charte*, tout en se ré-
servant d'en faire avec elle à son plaisir,

comme il n'y a pas manqué. Ainsi, par des
sens et des vues opposées, on est arrivé
au même résultat, l'affermissement de la
Charte. D'autre part, les ennemis des institutions alléguant sans cesse l'accusation
d'inimitié contre la royauté, leurs adversaires se sont mis à parler royalisme constitutionnel; ce qui, de leur part, était sincère, mais ce qui était loin du sens que
les autres attachent à la royauté; car,
avec eux, c'est et ce sera toujours le pouvoir absolu, avec un peu plus ou un peu
moins de formes, mais avec un fond permanent d'absolutisme... Les déguisemens
des paroles contraires à cette assertion ne
méritent aucune confiance. Si elles étaient
sincères, elles prouveraient seulement que
leurs auteurs ne s'entendent pas eux-mê-

mes, et ce ne serait pas le premier exemple
que nous en aurions...

On ne cesse d'entendre dire : *Les élections ont renversé M. de Villèle*; le parti
constitutionnel en tire la gloire à lui. Les
élections ont elle-même été pour lui un
titre de gloire incontestable? ceci vaut la
peine d'être examiné. Le parti aristocra-
tique (je me sers de ce mot à défaut d'autre, car je ne veux blesser personne), dès
1815, a pris pour chefs MM. de Villèle
et Corbières ; d'autres chefs servaient sous
eux. Ce parti les glissa dans le ministère
Richelieu, comme des sentinelles avancées,
et comme pour les préparer à occuper défini-
tivement les places dirigeantes. Le parti ne
se trouvait pas servi assez vivement par
les ministres de ce temps; ce n'étaient pas
ses hommes, et il ne voulait que les siens,

Pour arriver à son but, il s'unit au parti
ami des institutions. M. de Richelieu suc-
comba sous cette coalition. MM. de Villèle, Corbières et Peyronnet arrivèrent :
les difficultés à satisfaire toutes les exigences du parti se retrouvèrent sous eux, dans
leurs places, comme elles s'y étaient trou-
vées pour leurs prédécesseurs, comme elles
seront toujours. La bonne intelligence se
soutint pendant quelque temps ; mais bientôt la séparation eut lieu. Le divorce éclata
pour la guerre d'Espagne. Le parti frémissait ; M. de Villèle n'en voulait pas. Le
parti s'indignait des retards et des formes
diplomatiques qu'il opposait à son élan.
Le parti voulait donner au duc de Bellune
la direction de l'armée ; M. de Villèle en
voulait un autre. L'ordonnance d'Andujar
mit le parti en fureur. Alors la scission

se prononça tout-à-fait entre M. de Villèle
et le parti, son créateur; avec lui il s'était
servi d'un instrument plus flexible que doci-
le, et qui voulait la possession exclusive d'un
pouvoir accordé sous condition de partage.
La scission définitive éclata dans l'affaire du 3
pour 100. M. de Châteaubriand substitué à
M. de Montmorency, ne négligea pas une
occasion de faire échouer une mesure qui
perdrait M. de Villèle : il y périt lui-même.
A son exemple, le parti se mit à faire de
la libéralité, de la Charte, de la liberté de la
presse ; par là, il se trouva réuni avec ceux
qu'il avait l'habitude de combattre, et s'as-
socia ainsi aux honneurs et à la popularité
que l'attachement aux saines doctrines et
aux intérêts nationaux avait valu à ceux-
ci. Il est toujours de ces questions populaires
que les partis recherchent, et auxquelles

ils s'attachent, non pas pour servir le public, pour qu'elles les servent auprès de
lui..... C'est ce qui arriva dans cette occasion. Le parti constitutionnel ne voulait pas
de M. de Villèle, comme ennemi public,
tandis que le parti opposé n'en voulait pas,
comme ennemi privé ; il se trouvait donc
entre des hommes réunis par des haines
différentes , mais agissant dans le même
sens... Il devait tomber ; il tomba par le
moyen qu'il avait employé lui-même
contre M. de Richelieu... L'opposition de
ce parti contre M. de Villèle était tellement systématique , qu'il l'inculpa pour
l'acte le plus *régalien* qui ait jamais été
fait, celui qui fit accepter à Saint-Domingue
sa *manumission* , son indépendance acquise, consolidée de la main du roi de
France. Le parti riait intérieurement de ses

propres allégations ; mais, pour les partis,
*le corps d'un ennemi mort sent toujours
bon.* On est arrivé aux élections dans ces
dispositions. Les deux partis, réunis là contre M. de Villèle, se sont séparés aussitôt, et
après, le lendemain de sa chute, ils se sont
retrouvés en présence dans la Chambre. Ce
n'est donc point le parti constitutionnel
qui a renversé M. de Villèle, ce sont les
ennemis de celui-ci par leur réunion avec
lui. Le motif des constitutionnels était pur ;
celui de leurs étranges alliés était personnel, intéressé. L'homme et le système devaient périr ensemble dans l'esprit des
constitutionnels ; leurs adversaires entendaient bien perdre l'homme, mais garder le
système à leur profit... ; aussi, la majorité
dans les élections ne s'est-elle plus retrouvée dans la Chambre, elle a été dans un

sens contraire : le parti qui avait bien voulu
perdre l'homme, en gardant le système, a
craint pour celui-ci, si ses adversaires préva-
laient, et, pour le garder, il s'est séparé
d'eux.... L'honneur de la défaite de M. de
Villèle se partage donc entre les constitutionnels et leurs adversaires ; sans le secours de ceux-ci, ceux-là seraient encore
sous le joug de M. de Villèle ; et, quelles
que soient les félicitations qu'ils s'adres-
sent entre eux, il n'est pas moins vrai que
leurs rangs, dans cette occasion, se sont
trouvés insuffisamment garnis, abandonnés
qu'ils étaient, par un grand nombre de ceux
qui auraient dû les remplir.

L'histoire dira ce qui a pu porter M. de
Villèle à courir les chances des élections ;
les dispositions du public, celles de ses
ennemis, lui étaient également connues.

Il voyait devant lui un moyen légal d'opposition, mortelle pour lui. Il était maître
de noyer toute opposition de la pairie dans
les flots d'une promotion. Des esprits su-
perficiels s'obstinaient à prédire des pro-
motions restreintes, inutiles pour l'effet
qu'il devait chercher à produire ; il était
évident que, pour n'avoir plus besoin d'y
revenir, il lui donnerait le volume exigé
par sa position. M. de Villèle, homme
d'esprit, devait apprécier à leur juste va-
leur, les garanties données par ses préfets
sur l'issue des élections; il avait trop l'usage
de ces hommes, pour ne pas savoir que
leurs paroles s'alignent sur le · désir de
plaire ou sur la crainte de déplaire,
comme sur celle de se déprécier eux-mêmes
aux yeux du pouvoir, bien plus que sur
l'état réel et sincère des choses. A quelque

cause que tiennent les motifs de la décision qui l'a entraîné à sa perte, elle s'est
trouvée consommée et nécessaire, le jour
où il n'a pas pu montrer une majorité
certaine ; il a été renvoyé par les lois du
gouvernement représentatif. Ceux - là se
trompent qui, d'après la marche de la
Chambre, ont pu penser que M. de Villèle eût réussi à la gouverner : au contraire,
sa présence en eût fait le séjour des tempêtes, son absence en a fait le calme ; sa
présence eût renouvelé entre les partis,
l'union qui avait eu lieu aux élections; son
absence les a remis dans leur position naturelle ; l'homme n'étant plus, le système
seul est resté et a repris sa marche ordinaire. M. de Villèle est un de ces hommes qui valent mieux que ce qu'ils font,
ou que ce qu'on leur fait faire. Si des devoirs

de position n'apposaient pas des sceaux
inviolables sur son portefeuille, il pourrait en sortir de quoi fermer bien des
bouches [1].

---

[1] Je n'ai jamais connu M. de Villèle, pas même
d'après ce que l'on dit qu'il a de visage. Sous son
ministère, j'ai essuyé un procès criminel, tout comme
sous celui qu'il remplaçait. Je suis donc *sine irá,
nec studio*, encore plus sans reconnaissance, mais
je ne suis pas sans justice. Je sais que le principe de
sa chute est dans sa résistance à l'exagération d'un
parti, qu'il avait trop de bon sens pour s'associer
au pouvoir. Il n'a pas voulu la guerre d'Espagne,
ni le duc de Bellune à la tête de l'armée, représentant du parti ; il a fait sanctionner l'indépendance de Saint-Domingue ; il a admis des liaisons
avec les républiques d'Amérique que le parti voulait exterminer, il voulait leur indépendance ; il a
cherché à tempérer l'Espagne ; il a coopéré au
système libérateur de la Grèce ; il n'avait pas présenté le système de l'indemnité comme un droit,

M. de Villèle ayant abdiqué les avan
tages que lui assurait la promotion *ad li-*

---

c'est le parti qui l'a voulu ; il a administré la partie purement financière avec ordre et prospérité :
la Chambre, qui l'accusait, lui a alloué ses comptes
de 1826 avec approbation sur quelques points ; elle
fera de même, en 1829, pour ceux de 1827. La prospérité matérielle de la France, sous son administration, a égalé celle des temps antérieurs et du temps
présent. Alors la France produisait trop, aujour-
d'hui elle ne produit pas assez. M. de Villèle ne peut
pas entrer en parallèle avec ses deux collègues, es-
pèces de prévôts de salle du parti. Qui sait si, dans
une autre position, M. de Villèle n'eût pas été un
homme d'état ? Si le ministère actuel rencontre des
obstacles, pourquoi M. de Villèle n'en aurait-il pas
aussi rencontré ? Il est devenu de mode de dire :
*M. de Villèle a fait, a dit...; il fut aussi un
temps dans lequel on disait Pitt et Cobourg.* A la
longue, les mots d'ordre, en ne peignant rien à
l'esprit, finissent par devenir fastidieux et ridicules.

16

bitum dans la pairie et la jouissance de
deux années de la chambre septennale de
sa façon, et, dans notre âge, deux années
sont deux siècles, les élections ont eu lieu;
il y a rencontré la main du festin de Bal-
tazar; et quand elle écrit les mots fatals,
inventus minùs habens, il faut que le ministre se retire. Ainsi en a-t-il été de
M. de Villèle et de son ministère : trouvés légers de poids pour faire pencher la
balance de leur côté, il a fallu chercher
ce qui présentait plus de consistance et
plus d'apparences favorables pour dissiper ou
prévenir les tempêtes... Là commençait une
ère nouvelle; là aussi, comme au moment de
la restauration, tout dépendait de la manière
dont elle serait comprise. Plusieurs choses
étaient connues, l'existence de grands maux,
leurs causes provenant de la direction impri-

mée en 1814, et l'esprit manifesté par la
France dans les élections; voilà déjà des
données précieuses pour bien juger ce qu'il
y avait à faire et pour asseoir un plan. Celui qu'on a embrassé a-t-il correspondu aux
indications contenues dans ces données?
Telle est la question qui reste à examiner,
et dont la solution exige des développe-
mens. Ici, ma tâche devient plus épineuse;
aussi veillerai-je à y apporter tous les ménagemens qui ne nuiront pas à l'expression de la vérité; car, avant tout, c'est
d'elle qu'il faut s'occuper, c'est elle seule
qui sert, et que seule on peut admettre
dans les discussions de cette importance.

Qu'attendait la France du résultat des
élections? Que s'en était-elle promis? L'effacement de quelques difformités, quelques améliorations partielles, quelques

16.

réparations individuelles? Non, ses espérances étaient plus hautes; elle aspirait à
la réformation de tout ce qui la blessait,
et celle-ci ne pouvait être obtenue que par
la réformation de la direction qui avait
produit le mal; ainsi le veut l'enchaînement nécessaire des causes avec les effets.
Mais cette réformation elle-même pouvait-
elle résulter du redressement de quelques
griefs ou de la correction de quelques articles de lois? Voilà quelques symptômes
d'une maladie dissipés, mais le fond res-
tait; il fallait donc procéder d'ensemble
et comme par masse. Si l'assemblée constituante s'était bornée à prendre pièce à
pièce les abus de l'ancien régime, la Bastille serait sur pied, et les lettres de cachet
fleuriraient encore; mais, se plaçant au faîte
même de l'édifice social, elle en mesura

toutes les proportions, elle en reconnut les défauts, et d'un mot il disparut. Grâces au ciel, un pareil remède était loin de nos besoins; il ne s'agissait que de changer une direction, tout le reste s'ensuivait. Les principes étaient connus, établis; l'opinion de la nation était manifeste; le gouvernement représentatif est le gouvernement de l'opinion; suivre cette opinion et marcher avec elle, suffisait donc. La nation et les chambres réagissent l'une sur l'autre, et se réflètent mutuellement. L'opinion de la nation vient se régulariser dans la chambre; celle-ci la lui renvoie épurée et comme dégagée de l'alliage qui ne peut manquer de se trouver dans l'ouvrage des masses. L'opinion de la nation soutient la chambre; à son tour, l'opinion de la chambre fortifie la nation. La chambre a donc intérêt aux

opinions qui fortifient la nation ; et quand
elle est sûre de l'appui de cette force, lorsque
celle de la raison vient encore s'y joindre,
elle réunit tous les attributs nécessaires pour
choisir et pour faire prospérer la direction
que la nature des choses lui montre être
la meilleure. Or, tous ces attributs appar-
tenaient éminemment à la section des élections faites par le parti constitutionnel ;
elle avait le choix de son terrain ; l'occasion était admirable, elle trouvait la nation
dans les dispositions qui résultent toujours
des grandes souffrances, et ses adversaires
dans celles que créent aussi les appréhensions de trop justes reproches : le maintien, la connivence avec l'administration
tombée devaient être intimidés, le ministère venait de naître. Douze députés constitutionnels, par leur admirable persis-

tance, en avaient créé cent quarante; ceux-ci en auraient bien créé d'autres. Il fallait donc marcher sur les traces de l'ancienne opposition, on serait arrivé comme elle l'a fait. Mais, pour cela, il fallait que la marche fût ferme et décidée; les masses ne se remuent pas au nom et en vue de petits résultats, il n'y a que les grands qui agissent sur elles; la constituante le savait bien. Que fallait-il donc faire? Unissant la fermeté avec le respect, présenter le cahier des griefs nationaux, donner à la religion, à la monarchie, à la dynastie toutes les garanties désirables, et demander en retour toutes celles des libertés publiques : tel était le besoin. Le moyen d'y satisfaire était présent, les trois branches du pouvoir législatif réunissant entre elles tout l'exercice du pouvoir de la nation.

L'ordre légal se trouvait parfaitement ob-
servé; de son côté, l'ordre des sociétés leur
donne le droit, le devoir et les moyens de
pourvoir à leurs besoins. En partant de
cette base, le parti national avait tous les
moyens de faire accomplir tout ce qu'il
avait pu lire dans l'esprit électoral qui
l'avait créé. Je me trompe beaucoup si
ce n'était pas là la vraie route; je l'ai cher-
chée avec attention et bonne foi, et ma
conscience, d'accord avec mon esprit, m'ont
répondu uniformément, c'est elle. Je ne
puis concevoir comment une réformation
pareille peut s'opérer par parties, un peu
chaque année. Soigner quelques incom-
modités sans épurer la masse du sang est
ne rien faire; à côté d'une douleur cal-
mée, il en vient une autre. Dans son état,
en 1828, la France m'apparaissait comme

un superbe vaisseau jeté à la côte par l'impéritie du pilote, et sur lequel il y avait à
délibérer entre ces deux partis : laissera-
t-on le vaisseau sur l'écueil en se bornant
à boucher quelques voies d'eau ? ou bien
travaillera-t-on à force de bras à lui faire
reprendre la haute mer ? Ce dernier parti
me paraissait le seul convenable. Mais quel
était le moyen de le ramener en triomphe
sur l'Océan ? en suivant les traces de
Louis XVIII, c'est-à-dire en révisant la
Charte et les lois promulguées depuis 1814,
d'après la direction imprimée jusqu'à ce jour.
Ce plan embrassait la totalité des besoins,
effaçait le passé et parlait à l'esprit de la
nation.

Un travail de cette importance n'est pas
l'affaire d'un jour ; aussi ne le demandait-

on pas sur l'heure. La session de 1828,
dans mon esprit, n'était qu'un passage à
une session révisante, à laquelle le gouvernement eût présenté le travail général.
Car, sans un travail général, il n'y aura
jamais d'harmonie, ni de proportion entre
ses parties. On usera beaucoup de temps,
on replâtrera ; mais, au fond, par là on ne
fera rien de solide ni de régulier.

Le destin de la France a été traité comme
le cadastre : on s'est demandé s'il serait fait
par masse ou parcellaire. Le dernier a prévalu : voyez le résultat. La voix des principes
et de la raison est si forte, que quarante députés, affermis sur cette ligne, eussent,
après une lutte de quelques jours, rangé
le plus grand nombre de leur côté ; l'effet
produit par les voix nationales fût revenu

du dehors au dedans[1], marche naturelle de
l'ordre constitutionnel : les amis des institutions se fussent raffermis, les timides se
fussent enhardis, les expectans se fussent
décidés, et les anciens suppôts de la direction, principe de tout mal, auraient cherché les moyens de se soustraire à la représentation de leurs œuvres. Ce résultat était
inévitable. Eût-on dû l'attendre, que sont,
dans de pareilles affaires, quelques mois de
plus ou de moins? Mirabeau ne s'y fût pas
trompé. La constituante commença avec

---

[1] Je ne fais pas de doute, qu'avec cette direction nationale, les avenues du palais législatif n'eussent eu de la peine à contenir la foule! Souvent,
j'ai gémi de la solitude qui régnait autour de son
enceinte, comme du principe et des conséquences
de ce délaissement.

moins de forces ; dans quelques jours elle
entraîna tout. Parmi les trois cents nobles ,
les trois cents prêtres, et les six cents
membres des communes, se trouvait-il cent
personnes qui vissent au delà des cahiers
dont elles étaient porteurs? Assurément,
non. Il suffit de quelques hommes pour
amener un redressement général ; on vit
accourir des trois divisions de l'assemblée
pour entendre les vérités nouvelles, dont
chacun portait le germe en lui. Bientôt on
vit se ranger sous ces drapeaux, ceux que
d'autres idées avaient députés vers d'autres
lieux. On a beaucoup discuté sur la majorité , la présidence, et autres choses placées
à la circonférence des affaires. Est-ce donc
que la majorité interne importe beaucoup,
et ne dépend pas de la majorité externe ?
Que celle-ci soit forte en principes consti-

tutionnels, elle aura bientôt raison de celle-là, et lui tracera inévitablement la route. Qu'importe, avec une opposition de cent cinquante personnes, qui occupe le fauteuil ? La partialité ne trouve place que dans les petits nombres des opposans : mais entre égaux ou quasi égaux, elle devient impossible. Comment a-t-on pu se flatter d'arriver à la majorité par des dissolvans, tels que des attributions de hautes places, un grand calme, une courtoisie soutenue, une prudhomie rassurante? ces petits ingrédiens sont sans vertu avec les majorités; celles-ci tirent à elles ce qu'ils peuvent leur offrir d'avantages, mais elles restent ce qu'elles sont; les majorités se conquièrent et ne se donnent pas. Celle de 1828 ne s'est pas laissé prendre à ces petits appas ; elle est restée ce qu'elle était, la majorité : car, à

l'exception de ces questions dont tout le
monde veut être, dans les autres, l'opposition n'a point possédé la majorité : elle
ne s'était pas mise en mesure pour qu'on
ne pût pas la lui refuser. L'opposition a
débuté par un bill d'indemnité envers la
droite, qui, depuis 1815, a soutenu la
direction, source du mal; elle l'a méta-
morphosé et renfermé en trois hommes.
Voilà la droite libérée de la pénible responsabilité qui pesait sur elle; elle a regardé
froidement ses adversaires charger à coups
redoublés ses trois suppléans. Pendant ce
temps, l'opposition courtisait le centre,
qui de temps à autre se renforçait à ses
dépens : ce centre aussi avait bien quelques
comptes à rendre pour le passé; on les a
soldés avec des demi-portefeuilles. Dans ces
oscillations, ce centre, qui apprécie sa force

décisive dans beaucoup de cas, a porté la victoire là où il a voulu, et finalement cette majorité, si impatiemment attendue, n'est pas échue en partage au côté gauche. On a dit, attendez les renforts espérés, et vous verrez : ils sont venus, et qu'a-t-on vu ? D'ailleurs, que présente à l'esprit une majorité mobile, une majorité de quelques voix ? L'effet légal est produit par le moins comme par le plus, je le sais ; mais l'effet moral, l'effet d'influence l'est - il également ? La représentation de l'opinion nationale se trouve-t-elle dans une balance presque égale de voix, de manière à peindre, non pas la pensée de la nation, mais sa division ? Cependant on est resté à ce point. La faute capitale est d'avoir amnistié la droite, en prenant pour victimes trois hommes ; dès lors, il n'y a plus eu lieu à parler de la direction , mais seulement de ces trois hommes ; ni de remonter dans le passé , mais de prendre pour point de départ leur administration ; de parler des principes , mais seulement des faits privatifs des trois hommes mis en cause. Jamais contre-sens ne fut plus dommageable. Le champ de l'opposition se trouvait ainsi resserré, elle s'était bornée elle-même; et en marquant les limites de la lice , elle s'était condamnée à ne pouvoir user que de ses plus faibles armes ; elle s'est comme interdit tous les avantages qu'elle pouvait retirer du rappel du passé , ainsi que la faculté d'y revenir. En se rapetissant ainsi, elle a alangui l'esprit public ; il s'est affaissé faute d'alimens propres à le soutenir. L'opposition elle-même s'est comme fondue. Descendue des hauteurs qu'elle avait

fermement occupées pendant tant d'années,
elle est restée éparse au milieu de ses nouvelles richesses, elle s'est comme perdue
en se multipliant. Pourquoi? toujours par
la même raison ; la franchise et la netteté
de son rôle avait fait sa force ; l'incertitude,
et comme le vague de celui qu'elle a choisi,
a fait son amincissement : les hommes n'é-
taient pas rapetissés, mais leur position
était inférieure ; les talens restaient, mais le
piédestal était rabaissé. Aussi l'honneur des
armes de la tribune est-il resté à M. de Mar-
tignac ; il a rabaissé des drapeaux en possession des sommités de l'opinion. *A père ava-
re, fils prodigue ;* à ministre brutal, de langage inculte, a succédé un homme en qui
respirent la grâce, l'urbanité, au doux maintien, au langage *melliflu*, syrène de tribune :
avec lui, par la position adoptée par elle,

17

l'opposition a perdu tous les avantages qu'elle avait contre son prédécesseur ; elle a perdu de même l'influence vive et pénétrante qu'elle avait exercée sur la nation : car les nations ne cèdent qu'aux fortes impulsions, elles ne se donnent pas à de faibles excitations, au bas desquelles sont appendues des recommandations quotidiennes à la prudhomie. Pensez, mais ne songez pas ; avec cela on ne va pas loin. Les nations ne reprennent pas leur élan, comme des individus peuvent le faire. Quand on pense que toutes les souffrances, les hostilités depuis 1815, n'ont conduit qu'aux approches de la majorité dans la session de 1828, et que leur cours se fût soutenu sans lasser la patience publique, sans la témérité de la dissolution des chambres, on sent tout le prix de la

direction qui entretient ce feu sacré, si
difficile à rallumer. Où se trouve-t-il
maintenant? Par quels signes se manifeste-
t-il? L'héroisme des banquets, l'énergie
des toasts, éclatant en toute sécurité,
me rassurent moins et avancent moins les
affaires que ne le ferait une tribune reten-
tissant de la réclamation des principes sociaux, et de l'exposition des vrais intérêts
nationaux. Les grands objets se perdent,
et se parfilent en quelque sorte dans les dé-
tails; des causes minimes ne peuvent pas
conduire à d'importans résultats. On a
adopté une de ces locutions qui, partant d'un
principe sain en lui-même, se rapportant
à un objet juste, se présente avec des apparences honorables : ainsi, on entend sans
cesse invoquer l'ordre légal ; certes, il est

17.

indispensable, car son absence serait l'anarchie.

Le mot loi porte avec lui l'idée de la raison et de la justice; la présomption est en sa faveur; au seul nom de la loi, on croit voir et sentir une émanation de la divine sagesse; mais comme, malheureusement, beaucoup de lois s'écartent de ce modèle, surtout dans les temps de partis, il faut aviser à ce que la généralité de cette invocation n'amène pas beaucoup d'inconvéniens. Avec l'ordre légal le juge, en sûreté de conscience, peut appliquer la loi qu'il réprouve; le gendarme, et toute la hiérarchie exécutive de la justice, peuvent faire l'application de la peine : et le baron d'Orthez aurait eu tort d'écrire à Charles IX, *employez-nous à choses faisables.* Or, dans les sociétés humaines, ce sont les

choses faisables qu'il faut. En Angleterre,
le pouvoir dispensatif et suspensatif des
lois, le droit divin même, formaient l'ordre
légal,... le despotisme l'est en Espagne et
en Italie; est-ce une raison pour les invoquer? Chacun à son tour peut avoir son
ordre légal. Une grande discrétion, un discernement judicieux, sont donc nécessaires
dans ces sortes d'invocations; chez nous
elles peuvent faire beaucoup de mal, en
tombant sur des esprits dans lesquels les
idées du juste et de l'injuste ne sont pas
suffisamment débrouillées... Dans l'ordre
législatif, à la tribune, le mot d'ordre légal
ne devrait jamais être prononcé sans la
désignation du caractère propre à l'acte auquel cette locution est appliquée. Des hommes, officieux consolateurs, et pour calmer nos douleurs sur le mince résultat de

la session, étaient devant nous le tableau
de ses travaux. Ici plusieurs choses sont à
noter : ce qui est du fond de la session, et ce
qui était dans la position, et pour ainsi dire
forcé. Quand une administration change, le
successeur change naturellement quelque
partie de l'héritage auquel il est appelé ;
autrement, autant vaut rester comme l'on
est ; il est de ces choses qui sont comme
toutes faites, que chacun ferait ; leur exécution ne mérite donc pas d'être remarquée.
Or, les travaux de la session se rapportent à
cet ordre qui appartient également à tout
le monde. Il n'y a du fond même de la session, que la proposition incidente de
M. Dumailet, qui tombe sur un objet très-
secondaire... Tout le reste était comme
écrit par l'indication publique. Le travail
de la session a-t-il constaté les besoins de

la France? A-t-il répondu à son attente?
A-t-il montré que la mission donnée par
les élections était bien comprise? La réformation sociale a-t-elle avancé? Voilà
toute la question....... Quelques améliorations ont été produites, mais elles ne
sont point du fait de la session; elles
étaient forcées d'après les élections et le
changement du ministère; elles auraient eu
lieu en l'absence de la session, comme en
sa présence; elle y a assisté plutôt que
présidé; elle en est le nominatif, mais non
le créateur. Cette distinction est indispensable à faire, et a échappé aux hérauts des
merveilles de cette session, qui, sans s'en
apercevoir, tombent dans une contradiction habituelle; car on entend et on lit
partout des accusations sur la permanence
de l'administration et des procédés Vil-

lèle, au point de donner à penser, d'après ces plaintes, qu'il est encore en place. En vérité, ces joies, ces airs de triomphe font ressembler, ceux qui se trouvent satisfaits de cette espèce de répit, à ces oiseaux enfermés sous une enveloppe de verre dont on a retiré l'air, et qui battent des ailes, dès qu'en la soulevant le retour de l'air rend du jeu à leur poitrine. Aucune loi, aucune partie du budget n'a fait éclore quelque vue, quelque idée neuve, grande, forte, relevée par l'expression : le zèle et la science n'ont pas manqué, mais le rôle a baissé. Comment aurait-il pu en être autrement? On s'est privé de ce qui le fait éclater : *les principes*. Hors d'eux, il n'y a plus qu'une vaine faconde, un cliquetis de mots, une académie peut-être, ou un barreau savant, mais pas une tri-

bune politique pour un grand pays, que
dis-je, pour le monde; car la tribune
de France sera toujours le *diapason* de
celles de l'Europe. Voilà la considération
qui doit toujours élever, réchauffer, élargir
l'esprit des orateurs français. La France,
il est vrai, est bien le lieu sur lequel reposent leurs pieds et retentit leur voix; elle
leur prête territoire; mais les effets qu'ils
sont destinés à produire, de la France se
propagent sur le monde entier. Tel est
l'auditoire véritable de l'orateur français;
c'est devant lui qu'il se présente, c'est lui
qu'il doit avoir en vue toutes les fois qu'il
s'élève à ce haut poste, où se touchent de si
près le plus grand bien ou l'inutilité, le
plus grand éclat ou l'obscurité, la renommée ou l'oubli; dans ce poste élevé, un
orateur ne doit pas perdre de vue le but

général du mouvement qui agite le monde :
la réformation sociale. Il a donc à la promouvoir; il est là comme un continua-
teur de cette assemblée qui l'a commencée; il doit connaître le prix de chaque
pas qu'elle fait, et celui d'en mettre son pays
en possession, en accélérant l'époque de
son complet établissement; quarante années d'épreuves sont bien suffisantes, et
doivent, comme la nuit, paraître longues
à la douleur qui veille. Plus ses adversaires
cherchent à l'écarter de son objet fondamental, plus cet orateur doit s'y attacher
et y revenir. Peut-il donc se flatter de
faire quelque chose avec succès et solidité,
tant que cette réformation sera encore en
contestation? Plus aussi, au dehors, les res-
trictions sont imposées au développement
des forces morales des sociétés, plus il y a

à travailler, là où il est permis de le faire ;
à les promouvoir, à opposer leur activité
à l'amortissement qu'on veut ailleurs leur
faire subir, et à conserver la tradition des
vrais principes sociaux ; mais on ne la con-
servera pas, en se bornant à discuter quelques questions incidentes, excentriques,
et souvent en dehors des principes mêmes
de la matière. Comment ne pas s'apercevoir qu'il y a là , non pas une occupation,
mais une distraction propre à détourner des
intérêts réels? Dans toute affaire, celui qui se
borne à suivre un adversaire, qui reçoit pour
ainsi dire de lui la direction, reste dans
une condition inférieure, et n'obtiendra
jamais rien d'efficace ; il faut avoir son
plan à soi, et savoir en prendre l'initiative. Si la constituante se fût mise à la suite
des propositions de MM. de Barentin et

Necker, elle aurait eu le sort des anciens états généraux, inutiles ou désastreux, comme ils l'ont tous été. Ici il y avait aussi à prendre une initiative : les Villèle, Corbière et Peyronnet s'en allaient comme l'avaient fait les Brienne et les Lamoignon. Les pères de la cour plénière, et les administrateurs depuis 1822, se touchaient en beaucoup de points; et, comme après la chute des premiers, on fut porté naturellement à réviser un état qui avait engendré tant de maux ; par une similitude complète de circonstances, on était amené à invoquer le même remède. Je le dis avec quelque douleur, je n'ai rencontré nulle part une trace de la connaissance réelle de la position, à l'ouverture de la session 1828. La France compte, dans l'espace de cinquante-sept ans, trois grandes attaques contre ses libertés.

1°. En 1770, par la suppression des parlemens, d'où datait le pouvoir absolu, formellement proclamé par Louis XV, dans la fameuse séance de dissolution de ces grands corps, seules garanties et restes des libertés primitives ; 2°. en 1788 par la formation de la cour plénière , espèce de législature domestique, construite dans les proportions les plus favorables à la servilité et à l'oppression ; 3°. par les élections de 1827. *Corruptio optimi pessima.* Le gouvernement représentatif est le meilleur de tous les gouvernemens, car il est le plus suivant le droit et les moyens du droit; il appelle les nations à la participation du maniement de leurs propres affaires , droit fondamental, et leur donne

des garanties, chose indispensable. Mais,
pour rencontrer ces propriétés dans ce
mode de gouvernement, il faut qu'il ait
toute sa vérité, c'est-à-dire, toute sa sincérité. Le pivot de ce gouvernement est le
droit électoral de la représentation ; si elle
est faussée, il ne reste plus qu'une apparence de représentation, et ce qui devrait
servir à la liberté sert contre elle. La simplicité de ce gouvernement est une de ses
beautés; il porte sur deux ressorts, les chambres délibérantes. L'une dépend du gouvernement par la faculté qu'il a d'y ajouter
des objets de son choix; si des réseaux
adroitement disposés donnent aussi la disposition des choix pour l'autre chambre,
la totalité d'un pouvoir partageable entre
trois, se réunit alors dans la main d'un seul,
et la liberté reste annulée sous le voile

de la liberté, et par ses mains. Or, voilà ce qui, depuis 1824, a été constamment tenté, et perfectionné en 1827. Si un effort généreux n'avait pas brisé la plus grande partie de ce réseau, la France était également dépouillée de liberté, et ramenée par d'autres voies à une autre cour plénière; le parti dont les Villèle et compagnie étaient les agens, avait accompli ce que Robertson dit de Louis XI, qu'il représente comme le type des corrupteurs d'élections. Quel immense enseignement renfermait un pareil fait! Et malheureusement ce qui en 1788, souleva la France, en 1828 a presque échappé à l'attention. Cependant il devait parler fortement à l'esprit des élus de 1827. Qui peut répondre des suites d'une quatrième épreuve? Une méthode fatale a prévalu

parmi nous : les affaires ne se décident
plus par leur principe, mais par des
considérations, large porte ouverte à l'intrigue, aux intérêts, aux demi-mesures,
aux retours des embarras. Les affaires,
au lieu de garder l'air sévère du droit, le
seul qui leur convient, prennent celui de
concordats, de transactions, d'arrangemens : on arrange les affaires, on ne les fait
plus; les affaires sont pour un grand nombre
un sujet de conversation et non d'affection;
il y a une force centrifuge qui éloigne des
principes et qui porte vers les considérations, soit comme motifs déterminans, soit
comme portes de sortie dans tous les embarras, et cependant il n'est pas de méthode plus efficace pour les renouveler.

Que l'on m'accorde, en raison de l'importance des principes, la faculté de jeter

un coup d'œil sur l'emploi qui a été fait
des principes dans toutes les discussions de
1828. La session est ouverte ; une adresse
laborieusement façonnée, longuement dis-
cutée, se trouve, dans son intérêt majeur,
renfermée dans deux mots, *Système déplorable*. Rapportés à trois hommes, ces
mots renfermant une violation évidente des
réalités ; car ces trois hommes n'avaient pas
fait le système, ils n'en étaient que les exé-
cuteurs, et l'un d'eux, parfois, un exécu-
teur indocile et récalcitrant. Près de deux
mois s'écoulent en discussions sur les nominations des députés. Deux ou trois élus
sont éliminés ; deux ou trois préfets sont
renvoyés ou transvasés ; le mal était-il là ?
Assurément non ; mais dans le double vote,
mais dans le *vote obligé*, mais dans les
doctrines perverses données pour bases

18 '

à cette tyrannie. Les préfets n'étaient
pas les vrais coupables; la corruption,
comme en temps de peste, était dans
l'air, c'est-à-dire, dans la direction générale; entre les renvoyés et les restés[1], la
différence n'était que celle de quelques
circonstances. Il fallait donc reprendre les
choses plus haut, s'attacher à elles, et laisser là les hommes. Il n'a été question que
de faux électeurs matériels; mais les faux
électeurs moraux, les lâches, les intéres-

---

[1] Parmi les centaines de sous-préfets que
compte la France; un seul, M. Brault, sous-pré-
fet d'Issoudun, a préféré une destitution à servir
d'instrument aux turpitudes électorales de cette
époque. Ce serait une curieuse collection que celle
des circulaires et mandats de toute espèce émanés
de la main des autorités, pour les élections.

sés, et c'est le grand nombre, n'ont pas
encouru la honte d'une mention. Le vote
obligé a reçu une amnistie par le silence
gardé sur lui. Que fait à la patrie de sévir
contre vingt faux électeurs matériels, quand
aucune flétrissure n'atteint le faux électeur
moral? Est-ce donc que, pour un du premier genre, il ne peut pas y en avoir dix
du second? Quelques lignes de loi peuvent
atténuer beaucoup la corruption matérielle,
il faut quelque chose de plus contre la corruption morale. Dans cette discussion, la
plus importante de toutes, car elle est vi-
tale, a-t-on entendu un mot, un seul mot
sur l'étendue du crime qui expose une
nation, en corrompant son système électoral, à manquer de légitimité dans sa lé-
gislation? certes, cela valait, autant que
toute autre chose, la peine d'être présenté

18.'

aux réflexions de la Chambre. Lorsque deux
fois le ministre de l'intérieur a réclamé, dans
les élections, une influence forte, puissante,
pour le gouvernement ; lui a-t-on fait la
distinction des deux juridictions électorales, l'une matérielle et l'autre morale ;
la première entièrement au gouvernement,
la seconde aux électeurs ? lui a-t-on fait
observer que, si cette réclamation portait
sur l'intérêt que le gouvernement a au
résultat des élections, de son côté le
peuple a le même intérêt au résultat
de toutes les nominations aux fonctions
publiques, puisque c'est sur lui qu'elles
s'exercent, et que c'est lui qui les paie ?
A-t-on dissipé les décevans raisonnemens
sur lesquels on a basé la doctrine *du vote*
obligé, doctrine subversive du droit électoral, le coupant dans sa racine, faisant

prévaloir une locution absurde par la réunion de deux mots contradictoires, *vote* et *obligé*, dont l'un suppose la liberté, et l'autre l'esclavage? A-t-on distingué les circonstances critiques dans lesquelles l'intervention du gouvernement est nécessaire, de l'état habituel, où les élections ne sont qu'un acte ordinaire de l'ordre qui régit l'état? En Angleterre, lorsque pendant vingt ans les élections se balançaient entre les Stuarts et les Brunswiks, l'intervention du gouvernement était requise pour arrêter un ennemi. Grâce au ciel, rien de pareil ne se montre chez nous, tout se passe dans l'ordre légal d'une lutte, entre des compétiteurs également autorisés par la loi. La question de la réélection du député promu à des fonctions rétribuées, porte sur un seul principe, celui du chan-

gement survenu dans la position du promu,
changement qui peut lui donner une direction à laquelle l'electeur n'aurait pas accordé
sa confiance, comme elle peut aussi le rendre
l'avocat de *celui* contre lequel il avait été
nommé comme contrôleur ; toute la question roulait donc sur la confiance de l'é-
lecteur. Le rapporteur de la commission,
après en avoir dit un mot, s'est détourné
sur d'autres objets, ils ont absorbé toute
la discussion ; et dans la chambre des pairs,
le duc de Broglie a seul énoncé le principe.
1,200,000 francs ont été accordés pour
les séminaires. Là encore se présentait une
seule question, non pas celle de l'argent,
mais celle de l'esprit du clergé. A-t-il été
dit : Pour qui demande-t-on cet argent ?
Est-ce pour des amis ou des ennemis de
nos institutions et de la réformation so-

ciale? Dans le premier cas, voici votre argent; dans le second, point d'argent. Qu'est une question d'argent à côté d'une question de principes? Que sont à la France 1,200,000 fr. en plus ou en moins; mais que ne lui importe-t-il pas de donner son argent à des amitiés ou à des inimitiés? Cette déviation des principes a particulièrement éclaté dans la question de la censure facultative. On a demandé la suppression de celle-ci, on a gardé la censure préventive. L'article 15 autorise la suspension d'un journal de dix jours à deux mois. Cet article consacre la violation du principe le plus évident, celui que la loi ne peut atteindre que l'action commise, et jamais l'action à commettre. D'après cet article, on pourrait interdire la parole à temps à qui aurait menti, calomnié; on pourrait condamner aux arrêts celui qui aurait troublé, insulté les passans dans la rue. Cet article donne raison à ces peuples d'Asie, qui cousent la bouche à ceux qui parlent trop, et qui la fendent à ceux qui ne parlent pas assez. Qui, dans la chambre, a fait une réclamation pour le principe, et a demandé que toute censure disparût à jamais de nos codes, et qu'à sa place, on restituât ses droits à la raison et à la sociabilité, droits violés par cette prévention d'action? En Angleterre, a-t-on eu l'idée d'établir légalement une pareille prévention? L'assemblée constituante, la constitution de 1793, mieux avisées, l'ont abolie et proscrit à jamais. M. Lafitte seul a relevé les paroles échappées, sans doute, au garde des sceaux; nul n'a relevé celles du ministre de la marine sur la guerre d'Espagne, et pas davantage celles de ce général de Napoléon, qui a adopté la gloire de l'armée de Condé. Eût - il énoncé cette adoption devant son ancien chef? Un Romain eût-il adopté la gloire que Coriolan eût acquise en combattant contre Rome? Toutes ces inconvenances ont passé debout devant l'opposition.

On a incidenté sur une plus-value de traitement pour les Suisses. Eh! qu'importent les Suisses ou autres? Ce qui importe, est que le territoire ne soit ouvert à une force étrangère que par la permission des trois branches de la législature, remettant, au nom de la nation qui en est propriétaire incommutable, la clef de ce territoire à des étrangers qui ne peuvent y paraître sans cette autorisation. Quand le pouvoir était concentré dans les mains du prince, à lui seul appartenait d'autoriser;

depuis qu'il est divisé, le concours est nécessaire. Depuis douze ans on s'égare sur
cette question, en négligeant le principe
pour s'attacher à des personnalités[1]. Il ne
tiendrait qu'à moi d'étendre cette exposition, même aux questions financières, co-
loniales, de marine, de douane ; en tout,
le principe a été laissé à l'écart pour des
considérations denuées de substance et

---

[1] Cet oubli n'est pas de mon fait, car depuis
douze ans je n'ai pas cessé de rappeler ce principe.

Dans cette question, il ne s'agit pas plus des
Suisses que de tout autre peuple, mais d'un
principe. Si les Suisses peuvent être en France
sans l'autorisation des trois branches de la législature, les Anglais, les Russes, les Chinois peuvent y être aussi introduits. La manie des *personnalités* a fait une question *suisse*, d'une question de principe.

d'intérêt réel. Ce délaissement des principes est d'autant plus déplorable, que
l'opposition a en tête des ennemis qui ne
se départent pas des leurs, qui ont une discipline, des plans et des inspirateurs.
M. Guizot ne s'y est pas trompé; en 1821,
il recommandait de ne pas se confier dans
l'impéritie de ce parti; il annonçait l'ad-
jonction et le secours de cette espèce d'hommes que les sociétés civilisées fournissent,
et qui sont toujours prêts à prêter au pouvoir les talens qui peuvent lui manquer.
Tout l'esprit du monde est à vendre, me
disait un jour Napoléon, qui avait payé
beaucoup de cet esprit, quoiqu'il en eût
besoin moins que d'autres. Eh bien! il en
a été vendu à ce parti; et s'il s'est montré
fort inférieur en talens à l'opposition, en
revanche, il s'est montré très-supérieur en

tactique. Il possède des avantages immenses dans son approximation avec le pouvoir, qui tient ses adversaires à distance. C'est là qu'est sa force ; sans elle, depuis long-temps, il ne serait plus ; car, détaché du corps de la nation, il manque de racines fortes et profondes ; il les a jetées ailleurs. Quoique pressé par le temps, je ne puis me détacher de cet important sujet, et je dois encore jeter un coup d'œil sur des allégations excusatrices ou confortatrices de la marche qui a été suivie. On a allégué la nécessité de ne pas effrayer des hommes timides. Il fallait s'en passer, ils ne sont bons à rien ; les principes les auraient remplacés avec avantage, une autre crainte les aurait ramenés : quand doit-on craindre les craintifs ? Mais on a été trop vite en 1819. Non, à cette époque, on n'a été ni vite ni

lentement, mais inconsidérément ; dans je
ne sais quel but, on a fait des fautes qui
ont coûté le double vote, et d'autres
choses encore. Il fallait ménager la droite.
Non, il fallait la soumettre, en lui montrant cette tête qui change en pierre, sa
vraie Méduse, le tableau de ses œuvres depuis 1815. Il fallait ne pas provoquer le
retour des trois hommes, ou n'en pas faire
surgir d'autres. Au contraire, c'était là ce qu'il
fallait ; une lutte décisive se fût engagée et
notre marasme eût fini. Je ne méprise pas
assez le peuple français pour croire qu'il en
soit à craindre tels ou tels hommes, et l'esprit des électeurs me paraissait plus fort
que ces hommes-là. Arrivent tels hommes
qu'on voudra, ils se retrouveront toujours
vis-à-vis la sociabilité de trente-trois millions de Français qui les contiendra, ou

qui leur fera trouver le sort des Loménie
et des Lamoignon, s'ils veulent aller droit
devant eux.   •

Le rappel des trois hommes était une
faute trop lourde pour pouvoir l'espérer ;
leur présence eût changé en feu, la glace
dont nous avons été frappés. Toutes ces allégations ne sont que les excuses de la
faiblesse ou de la brièveté des vues. Voila
ce que l'on trouve au fond de quatorze ans
d'oubli *des principes*, et de leur changement en ajustement d'affaires. Je le répète,
parmi nous aujourd'hui tout l'art se réduit
à faire aboutir une affaire à un but déter-
miné, *sans faire trop crier*. Tous les libéraux sont devenus monarchiques, et tous
les monarchiques sont libéraux : voilà un
mot parti d'un bon naturel ; mais le gouvernement représentatif sentimental n'existe

pas. Le lendemain de ce doux apophtegme
fut un jour des plus violens débats. Dans
cette session, la droite, intéressée à faire
prendre le change sur sa participation au
mal passé, a pris le rôle de gardien alarmé
pour la royauté, d'amant jaloux de ses
droits[1]. La gauche s'est aussi mise à faire
du royalisme, et à lutter de zèle avec elle.
Plus de discours sans protestations de
royalisme, sans profession de foi, souvent
même religieuse. A quoi bon[2]? Espère-

---

[1] Voyez la discussion sur la proposition de
M. Du Meilet, ainsi que le ton sur lequel, à la
chambre des Pairs, elle a été épuisée par M. le
comte de Vogué.

[2] Cela n'a lieu en aucun pays de l'Europe, et
ne se trouve que chez nous : en Angleterre, on
ne parle jamais du roi; en France, on ne cesse
pas d'en parler. De quel côté le respect est-il

t-on persuader? Souvent la droite y a répondu par des risées. Avons-nous besoin
de tant de protestations pour une chose
qui est également dans tous les esprits ?

---

mieux entendu? Dans toutes les occasions on ne
sait plus aborder les princes qu'avec des discours, dont une grande partie sont les *fac simile*
de ce que les mêmes orateurs souvent avaient
adressé à d'autres. Cette pratique, empruntée à
l'empire, pouvait convenir à celui-ci; par cette
raison même, la restauration devait s'en éloigner.
Il en est chez nous comme il en fut dans l'empire grec, où l'on n'approchait du prince qu'avec
des harangues étudiées, dictées par l'adulation,
et dans lesquelles l'orateur se cherchait lui-même,
bien plus que l'honneur du prince. C'est le fait
de tous ces discoureurs que l'on voit périodique-
ment tordre leurs vieux complimens pour re-
vêtir les nouveaux de nouvelles couleurs. Soyons
royalistes de raison, d'affection, et ne parlons
plus de notre royalisme.

Qui, en France, ne veut pas la royauté et la dynastie ? Qui songe à l'encontre ? Si la droite veut la royauté *prestigiaque*, la gauche veut la royauté constitutionnelle ; mais toutes les deux veulent également la royauté : l'une suivant le temps ancien et incivilisé, l'autre suivant le temps actuel et civilisé, seulement la droite veut une royauté séparée du temps, et la gauche veut une royauté appuyée sur le temps présent. Au lieu de rester dans une allégation vague qui la confondait avec son adversaire la gauche devait proclamer une définition qui l'en séparât, et qui la plaçât au premier rang des véritables défenseurs du trône. Et ce trône, pour lequel, à droite, à gauche, on proteste, qu'a-t-il besoin de tant de protestations ? Tous ces protestans ont-ils mesuré la profondeur et

19

la largeur de ses racines ? Pour moi, plus
j'y regarde, plus je me sens pénétré de la
vérité de ce que j'ai énoncé en 1820, dans
mon écrit sur la loi des élections, *que le
château des Tuileries est la plus forte
place de l'Europe*. On a placé de l'espoir
dans l'accession de nouveaux députés : elle
a eu lieu; elle n'a pas rempli l'objet, elle
ne le remplira pas davantage à l'avenir. La
session prochaine en fera foi. On s'appuie
sur les progrès de la civilisation; mais
quels obstacles ne lui prépare-t-on pas ?
Croit-on que les ennemis de la réformation sociale s'endormiront, qu'ils ne tire-
ront pas avantage de la circonspection
qu'ils ont rencontrée, de l'alanguissement
qui a été produit? Que l'on mesure ce
qu'ils feront par ce qu'ils ont déjà fait,
par l'intérêt qu'ils ont à faire, et par les

moyens dont ils disposent. Ils ont vu prendre le change ; ils ne travailleront pas
pour en faire rappeler, mais pour exploi-
ter les effets de la méprise. Les générations
nouvelles donnent de l'espoir ; elles sont
tournées vers les choses graves, sérieuses,
et, si l'on peut parler ainsi, substantielles
dans l'ordre social. Mais la vie de l'homme
a deux âges : celui des théories et celui de
la pratique. La jeunesse est le temps des
premières ; le second est celui des intérêts.

Voyez ce jeune homme qui naguère
revenait de ses études, l'esprit plein des
plus séduisantes théories, des désirs les
plus libéraux ; devenu époux, père, attaché à une profession, à un intérêt matériel,
pour lequel il a besoin du pouvoir, tâchez
de reconnaître en lui l'homme des livres
qui avaient façonné son esprit : combien

19.

résistent à cette épreuve ? Le système ex-
pectant, de correction graduelle, reçoit sa
condamnation de la publication quoti-
dienne des journaux, qui, avec trop de
vérité, répètent des plaintes sur l'état actuel, qu'ils représentent comme la conti-
nuation de l'ancien. C'est à la présentation
des lois nouvelles qu'on connaîtra le succès
réel de ce système de cunctations. Quand
on parle journellement des obstacles qu'é-
prouve le ministère, dit-on qu'avec plus
de tension, plus de nerf dans la session,
ils n'existeraient pas ; que les ministres,
soutenus par la force de l'opposition, ne
les auraient pas amenés à céder ? Il ferait
beau voir ce qu'à leur place feraient leurs
accusateurs ! Si malheureusement les choses
se trouvaient arrangées parmi nous, de manière que ceux d'où la direction exclusive

doit partir, au contraire eussent à la recevoir, et à suivre, là où ils devraient guider, à qui la faute, si non à ceux auxquels il appartient de replacer les choses dans leur état naturel ? Nous n'y sommes point, il est trop vrai ; mais une opposition législative, toute de principes, nous y replacerait ; et nous n'y serons pas tant que l'opposition s'agitera dans une autre arène que celle des principes sociaux. Son zèle, son courage, ses talens, seront perdus pour la patrie ; elle perdra ses avantages, comme une armée mal postée ne tire aucun profit de son instruction ni de sa bravoure.

La marche de l'opposition a donc été fausse de tout point : elle avait à débrouiller notre position, une des plus compliquées qui aient jamais existé ; elle avait à finir avec les partis. Quand un pays a-

t-il une direction droite et ferme, tant
qu'il est divisé en partis? Le parti a pris
une nouvelle force. Attéré par les élections,
il a revécu dans la chambre, où il devait
être abattu : elle devait être son tombeau ,
on en a fait pour lui ce qu'était la terre
pour un géant qui en avait reçu le jour.
Après la faute capitale d'avoir fait trois
hommes du système établi et agissant depuis 1814 , il ne manquait que celle de les
accuser. A la suite de longs tâtonnemens,
on s'y est décidé. Mais pour accuser il manquait deux choses, le fond et la forme. Les
délits accusables ne sont pas définis par nos
lois, mais seulement indiqués ; les moyens
de la poursuite ne le sont pas davantage
dans des parties essentielles. Il était facile de
prévoir que la dignité de la chambre aurait à souffrir de l'incomplet de sa juri-

diction , qui a porté même quelques-uns
de ses propres membres à se refuser à
l'appel fait par sa commission d'accusation. Il est difficile d'employer un
plus faible raisonnement que celui qui fut
produit alors. Il y a déficit dans l'organi-
sation de la vindicte nationale, disait-on.
Est-ce une raison pour priver la nation de
réparations? Oui, c'est une raison , et une
très-bonne raison. Quand les individus né-
gligent leurs droits, ils portent la peine
de leur négligence : autant doivent en supporter les nations négligentes à faire valoir
les leurs, et à plus juste titre encore, car
elles possèdent de plus grands moyens que
les particuliers de se faire rendre justice.
Les accusateurs s'étaient-ils aperçus de
l'étrange position dans laquelle ils se plaçaient eux-mêmes , si M. de Villèle, s'éle-

vant au-dessus des petites considérations qui mènent presque tous les accusés à la condamnation, eût sommé ses adversaires de sortir du système qu'ils s'étaient fait, pour voir les choses dans leur réalité; s'il avait démontré qu'il n'était que l'enfant et l'agent du système, qu'il l'avait contrarié en plusieurs cas; que ses contradictions lui avaient valu les oppositions sous lesquelles il avait succombé; et que la justice, le courage et l'honneur exigeaient qu'en accusant les auteurs des délits, la nature et l'étendue de ceux-ci fussent précisés; qu'il fallait donc faire le procès au système établi depuis 1814, aux conseils qui l'avaient suivi, propagé, aux chambres qui avaient adopté, et forcé même quelquefois les mesures proposées; que l'iniatitive royale, et la responsabilité ministérielle allaient

mal ensemble, et que des accusations lan-
cées contre un système et des mesures
prises en conseil, papiers sur table, sous
les yeux du prince, en conseil annoncé
par jour et par heures, par fois avec appel
de ministres extérieurs, embrassait tous les
membres de ces conseils et remontait même
jusqu'au prince [1]. En continuant ce haut
plaidoyer, M. de Villèle, bravant ses accusateurs, n'aurait-il pas pu leur demander,
de définir la trahison faite en conseil commun à huit ou neuf ministres, et la concussion, dans des temps riches de cent
bourses publiques? N'aurait-il pas pu dire:
On m'accuse pour des crimes d'un autre

---

[1] Voyez le dernier plaidoyer de Mᵉ. Hennequin, dans l'affaire de la *Gazette de France*.

gouvernement que le nôtre, et de la civilisation d'un autre siècle. Avec *Lapanouze*,
qu'avais-je besoin de concussions ? Avec
mille journaux, comment peut-on trahir ?
Quand, par un hommage aux intentions
du prince, le peuple disait, *si le roi le
savait !* ce cri de confiance était à la fois
le cri de l'ignorance générale du temps,
que le nôtre ne permet plus; et dans ce
temps où les lumières affluent de toutes
parts, et encore plus vers le trône que partout ailleurs, ce même cri renfermerait
quelque chose d'irrévérencieux. Là aurait
apparu la grande et formelle contradiction
du régime qui nous entrave : celle du gouvernement représentatif dirigé en dehors
de ses directeurs responsables. Dans le
gouvernement représentatif, le ministère
ne peut pas être borné à exécuter; de

plus, il doit diriger : autrement il ne peut être responsable. Aussi, qu'est devenue cette accusation ? C'était la première. Le premier pas dans cette carrière devait donc être bien assuré, sous peine de nuire beaucoup à ceux que l'on voudrait y faire après ; il pourrait bien être que cette accusation première, dans son avortement, n'ait abouti qu'à un bill d'indemnité pour les Villèles à venir : effet inévitable des mesures faibles et mal avisées.

Je m'arrête, car je ne fais pas de censure, ni ne dresse d'acte d'accusation ; je n'aspire qu'à servir, en montrant le bien et le mal de ce qui a été fait. Qu'avons-nous gagné par le fait de la session ? Où en étions-nous aux élections de 1827, et où en sommes-nous à l'ouverture de la session de 1829 ? Dans l'ordre politique, le temps

ne se mesure pas autrement. La réformation sociale a-t-elle avancé ? Les droits nationaux ont-ils été définis ? et sans cette
définition, que possédons-nous ? Les partis
ont-ils été dissipés et ramenés tous à l'unité
nationale, la seule qui puisse assurer le
repos public et intérieur ? Sommes-nous
plus avancés qu'en 1789, et même qu'en
1814? Ce qui alors eût blessé nos oreilles
les effleure - t - il aujourd'hui ? Nos législateurs sont-ils plus ou moins habitans du
palais ? et ce n'est point au pied des grands
escaliers que Minos et Lycurgue faisaient
leurs lois. La place de la religion et celle
du clergé, choses fort différentes, ont-t-elles
été assignées ? Quel chemin en tout genre
avons-nous fait ? Voilà ce qu'il y a à considérer, et non pas de minces corrections
qui, il est vrai, rendent un état plus tolé-

rable, mais qui ne le changent pas ; qui amendent, mais qui ne corrigent pas un fond essentiellement vicieux ; qui peuvent laisser la jouissance d'un bonheur matériel, *autrichien*, mais qui tiennent en dehors des hautes jouissances intellectuelles que promettent notre civilisation et ce mouvement général que nous avons imprimé au monde, dans lequel, entrés comme créateurs, nous restons retardataires, et simplement entraînés là où nous devrions paraître comme accélérateurs. Or, tel est notre état actuel ; j'en appelle à tous les hommes judicieux... La France, en se débarrassant de son ancien régime, a fait une immense conquête, celle du gouvernement représentatif ; il était le but et le résultat de la révolution ; tout le reste n'est qu'accessoire et accidentel...; mais ce gouvernement ne vaut que par son

intégralité et sa sincérité. S'il n'est que
mi-parti, tronqué, rapporté de la nature
des choses à des intérêts privés, alors il
perd ses avantages, de manière à faire
demander si, à part de la civilisation générale, notre gouvernement représentatif,
dans sa plus grande force efficiente, qui
est les deux Chambres, lorsque l'une de
ces Chambres subit toutes les créations
exigées par l'embarras d'un ministère, et
lorsque l'autre subit les influences du *double vote* et du *vote obligé*, renferme un
très-grand nombre de nobles et de fonc-
tionnaires; si, dis-je, là, dans l'ordre rationnel, se trouvent autant de garanties
qu'il en existait dans les corporations
constitutionnelles du clergé, de la noblesse, dans les corps de magistrature,
dans les pays d'états, dans les privilèges

des villes, et des universités? La révolution, en simplifiant, en nivelant, a
fortifié; le temps dira, si c'est le peuple
ou le pouvoir. A défaut de constitution de
lois, il y avait une constitution de mœurs,
des liens de famille, des notabilités sociales.
Que sont devenues toutes ces garanties?
Une ou deux voix de plus dans chaque
chambre, voilà ce qui décide de notre sort.
Aujourd'hui, trouverait-on ces dix-sept gen-
tilshommes bretons qui accoururent auprès
du ministère Loménie, suivis par le cortége de la noblesse de leur pays, se pres-
sant autour des murs de la Bastille? Où
est ce parlement de Bordeaux, venant ar-
racher à des courtisans les concessions
faites par un prince trop confiant, parce
qu'il trouvait la sincérité dans son propre
cœur? Où est ce public de Paris, ce pu-

blic de tout rang, de tout sexe, de tout
âge, passant les jours et les nuits dans les
salles du Palais, à l'époque de la Cour plénière, ce public couvrant les routes de Paris
à Versailles, et assiégeant pendant trente
mois, sans fatigue, sans relâche, les avenues de l'Assemblée constituante? Où sont
les notabilités sociales avec lesquelles le
pouvoir comptait, et devant lesquelles il
s'arrêtait? Elles ont fini avec Mme. de Staël.
Napoléon lui-même avait vu en elle une
puissance, et une puissance supérieure à
quelques-unes de celles dont il avait triomphé. Aujourd'hui tout est déliaison, isole-
lement; on se touche, on ne se tient pas.
Le monde est vide, décoloré, les choses
immenses; les hommes de petite stature,
la liberté écrite, connue par principes;
refusée ici, là oblitérée; deux mondes so-

ciaux marchent de front en sens contraires;
toute notabilité a disparu. L'Angleterre est
encore plus dépourvue que la France : le
parlement britannique languit, veuf des
Fox, des Burke, des Shéridan, des Romilly,
comme le parlement français l'est des Mirabeau, des Vergniaud, des Manuel, des
Foy ; et toutes les grandeurs de cette
révolution, réformatrice de l'univers, se
réduisent, en Europe, à deux hommes,
Mirabeau et Napoléon. Ainsi, sous la main
d'un habile ouvrier, les deux extrémités
d'une chaîne se réunissent dans un nœud
éclatant, d'où des pierres précieuses font
jaillir des feux qui effacent tous les autres[1]...

---

[1] Aux deux extrémités de la révolution, Mirabeau et Napoléon apparaissent comme les colon-

Chez nous, comme dans l'étranger, quoiqu'à des degrés différens, il peut donc y avoir lieu au problème proposé plus haut, celui de l'inégalité de l'éducation intellectuelle et politique avec la liberté réelle; et sous quelques rapports, M. de Metternich n'aurait-il pas raison, à l'égard

---

nes d'Hercule, que nul ne dépassera. Ce sont des hommes d'élite dans l'humanité, des privilégiés de la nature, auxquels elle a départi la faculté de saisir l'esprit de leurs semblables, et d'imprimer une direction à leur temps. Pitt a été un administrateur rare, un grand ministre anglais; mais il s'est égaré sur le fait de la révolution, pour ne l'avoir mesurée que sur l'échelle des intérêts britanniques; Burke le lui a reproché. A la guerre, à la tribune, dans le cabinet, les talens n'ont pas manqué, mais à une grande distance de ceux de Mirabeau et de Napoléon; les grandeurs perdent de leur élévation à côté des colosses.

de la France, comme il ne l'a que trop pour l'Italie et l'Allemagne? Ce problème restera indécis jusqu'à la solution des questions suivantes :

1°. Qu'entend-on par le mot religion que sans cesse l'on invoque? Est-ce le sentiment religieux qui porte tous les hommes à honorer la Divinité, et, pour lui plaire, à pratiquer les vertus dont elle est la source et le modèle, ou bien est-ce un culte particulier avec ses attributs et ses exigeances légales?

2°. Comment une religion est-elle *religion de l'état*, lorsque dans l'état elle ne confère et n'ôte aucun droit, pas même la participation à la confection des lois, et lorsque l'état, reconnaissant l'existence légale des autres religions, paie les professeurs qui enseignent que cette religion est fausse?

3°. Qu'est la responsabilité ministérielle, individuelle, avec l'initiative royale, un conseil commun habituellement présidé par le prince, et hors de la direction entière imprimée par le ministère?

4°. Que faut-il entendre par les mots concussion et trahison, et dans ces limites y a-t-il suffisance pour une responsabilité efficace?

5°. Quelle est la compatibilité du gouvernement représentatif avec les influences inévitables, parmi nous, d'une grande cour? L'Angleterre n'en a pas.

6°. Le gouvernement représentatif peut-il se soutenir sans un système de mœurs correspondant?

7°. Comment le gouvernement représentatif peut-il marcher sans une majorité certaine et volumineuse, et comment, parmi nous, pourra-t-elle se trouver avec le double vote?

8°. La conformité des opinions sur les points fondamentaux n'est-elle pas de rigueur dans le gouvernement représentatif? Comment marcher vers le même but, le bien public, quand on ne s'entend pas? Nous entendons-nous?

9°. Que serait une majorité réelle du côté de l'opposition, et jusqu'à quel point serait-elle soufferte?

Voilà d'importans sujets de méditation, dont la solution est très-supérieure à ma faible raison, ce qui me porte à inviter à s'en occuper les hommes bien plus éclairés que moi.

———

Si la lettre publiée à l'époque de ma démission n'en a pas suffisamment indi-

qué les motifs, cet écrit suppléera à ce
qui lui manquait. J'ai toujours pensé qu'un
homme d'honneur devait se retirer d'un
conseil dont la direction lui paraît s'éloigner de ce qu'il croit propre à servir, et
que dès lors sa présence est plus nuisible
qu'utile : que l'on souffre que je dise ici
qu'il y a beaucoup de douleurs à ressentir
en regardant gâter des affaires, qu'il serait
facile de conduire à bien, en se bornant
à les diriger d'après leur nature propre;
mais, chez nous, ce n'est pas l'usage;
aussi sommes-nous dans une position in-
définie et indéfinissable, depuis quinze ans
occupés à faire et à défaire, et, comme dans
les fièvres intermittentes, passant alternativement des crises aux relâches, et des
relâches aux crises.

FIN.

www.ingramcontent.com/pod-product-compliance
Lightning Source LLC
Chambersburg PA
CBHW050459270326
41927CB00009B/1813